大《だい》嘗《じょう》祭《さい》のこころ

―新嘗のこころ改訂版

小野善一郎

青林堂

まえがき

一昨年末《いっさくねんまつ》、耳《みみ》を疑《うたが》う衝撃的《しょうげきてき》なニュースが飛《と》び込《こ》んできました。赤松広隆衆《あかまつひろたかしゅう》議《ぎ》院副議長《いんふくぎちょう》が、皇室会議《こうしつかいぎ》（平成二十九年十二月一日《へいせいにじゅうきゅうねんじゅうにがつついたち》）で「皇室《こうしつ》の神事《しんじ》は国民生活《こくみんせいかつ》に何《なん》の関係《かんけい》もない。年末年始《ねんまつねんし》の宮中行事《きゅうちゅうぎょうじ》は陛下《へいか》である必要《ひつよう》はない」などと語《かた》ったのです（平成二十九年十二月十六日付産経新聞《へいせいにじゅうきゅうねんじゅうにがつじゅうろくにちづけさんけいしんぶん》）。

しかも常陸宮殿下《ひたちのみやでんか》ご夫妻《ふさい》もご出席《しゅっせき》されていた会議《かいぎ》での発言《はつげん》と知《し》り、その不敬暴言《ふけいぼうげん》に言葉《ことば》を失《うしな》いました。赤松氏《あかまつし》の主張《しゅちょう》するように宮中祭祀《きゅうちゅうさいし》（皇室《こうしつ》の神事《しんじ》）は、私《わたし》たちの日常生活《にちじょうせいかつ》と本当《ほんとう》に無関係《むかんけい》なのでしょうか。

もし無関係《むかんけい》であるならば、なぜ神代《かみよ》から今日《こんにち》まで大嘗祭《だいじょうさい》（新嘗祭《にいなめさい》）を始《はじ》めとする宮中祭祀《きゅうちゅうさいし》が最《もっと》も大事《だいじ》に守《まも》り継承《けいしょう》されてきたのかが、全《まった》く不明《ふめい》となります。何《なに》よりも神代《かみよ》より今日《こんにち》まで風雪《ふうせつ》に耐《た》えて厳然《げんぜん》と伝承《でんしょう》してきた事実《じじつ》が、宮中祭祀《きゅうちゅうさいし》は私《わたし》たち国民生活《こくみんせいかつ》と密接《みっせつ》に繋《つな》がっていることを証明《しょうめい》しています。

仮《かり》に国民生活《こくみんせいかつ》と無関係《むかんけい》の祭祀《さいし》であったならば、諸外国《しょがいこく》の多《おお》くの祭《まつ》りがすでに滅《ほろ》んでしまったように何千年前《なんぜんねんまえ》に消滅《しょうめつ》しているでしょう。たとえば、ギリシャのパルテノン神殿《しんでん》は堅固《けんご》な石《いし》で造《つく》りましたが、現在《げんざい》は廃墟《はいきょ》と化《か》し、柱《はしら》しか残《のこ》っていません。それがわが国《くに》においては、ご皇室《こうしつ》を始《はじ》めとして今《いま》なお全国約八万《ぜんこくやくはちまん》の神社《じんじゃ》に神代《かみよ》の神々《かみがみ》がご鎮座《ちんざ》し、古《いにしえ》のままに祭《まつ》りが執《と》り行《おこな》われています。祭祀《さいし》を通《とお》して無限《むげん》の過去《かこ》と今《いま》が繋《つな》がっているのです。これは記憶《きおく》でなく、いま生《い》きている「いのち」のことです。

祭《まつ》りとは、先祖《せんぞ》の「いのち」と私《わたし》たちの「いのち」が一《ひと》つとなり一貫《いっかん》の存在《そんざい》であることを体認《たいにん》する儀礼《ぎれい》であります。この神代《かみよ》からの一貫《いっかん》の「いのち」を君臣《くんしん》（天皇《てんのう》陛下《へいか》と国民《こくみん》）が一如《いちにょ》となって命《いのち》がけで守《まも》ってきたのが、わが国《くに》の特質《とくしつ》、本質《ほんしつ》です。何《なに》よりも天皇陛下《てんのうへいか》のお祈《いの》りのお姿《すがた》そのものが、私《わたし》たち日本人《にほんじん》の姿《すがた》の最《もっと》も純粋《じゅんすい》なる原《げん》型《けい》なのです。

しかしながら、近代個人主義《きんだいこじんしゅぎ》の視座《しざ》だけから宮中祭祀《きゅうちゅうさいし》を考《かんが》えるならば、その本《ほん》質《しつ》が見《み》えなくなります。というのは、近代個人主義《きんだいこじんしゅぎ》は、私《わたし》たちはそれぞれ一個《いっこ》の人格《じんかく》であるといって親《おや》と子《こ》、兄《あに》と弟《おとうと》、姉《あね》と妹《いもうと》をそれぞれ独立《どくりつ》の人格《じんかく》であり、同等《どうとう》の人権《じんけん》を有《ゆう》して相対峙《あいたいじ》した存在《そんざい》として捉《とら》えるからです。つまり、近代主義《きんだいしゅぎ》の大本《おおもと》にあるのは、自我《じが》の確立《かくりつ》なのです。ですから、赤松氏《あかまつし》のような主張《しゅちょう》が出《で》てくるのではないでしょうか。

これに対《たい》して本来《ほんらい》の日本人《にほんじん》は、自我《じが》の奥《おく》に隠《かく》れている「こころ」、すなわち天地《てんち》一貫《いっかん》の「いのち」に軸足《じくあし》を置《お》いているのです。自我《じが》の異心《ことごころ》は祓《はら》うものなのです。本来《ほんらい》の日本人《にほんじん》の人間観《にんげんかん》は、私《わたし》たちの「いのち」は父母《ふぼ》の「いのち」と別個《べっこ》のものでなく、父母祖先《ふぼそせん》の「いのち」の延長《えんちょう》と見《み》ています。一対一《いったいいち》の対立《たいりつ》の意識《いしき》はなく、永遠《えいえん》の「いのち」に自分《じぶん》の「いのち」が融《と》けて、自分《じぶん》のうちに父母《ふぼ》が居《い》ますと観《かん》じるのであります。

それは、ご皇室《こうしつ》だけの特殊《とくしゅ》のことでなく、わが国《くに》の旧家《きゅうか》、老舗企業《しにせきぎょう》、梨園等々《りえんとうとう》における襲名《しゅうめい》の慣行《かんこう》においても、いくらでも確認《かくにん》することができます。祖先《そせん》の「いのち」は子孫《しそん》に一貫《いっかん》して流《なが》れ、その先祖《せんぞ》の「いのち」は只今《ただいま》、自分自身《じぶんじしん》と一《ひと》つになって生《い》き通《とお》しであるという信念《しんねん》です。

ですが、近代主義《きんだいしゅぎ》を否定《ひてい》するのではないのです。それを無視《むし》したならば、社会《しゃかい》は無秩序《むちつじょ》の状態《じょうたい》になってしまうでしょう。近代主義《きんだいしゅぎ》のルールは守《まも》るのです。しかし、天地一貫《てんちいっかん》の「いのち」は自我《じが》の異心《ことごころ》の奥《おく》に隠《かく》れています。ですから、軸足《じくあし》を自我《じが》の奥《おく》に置《お》き換《か》えないとその「いのち」の感得《かんとく》は難《むずか》しいのです。これが祭祀《さいし》の本源《ほんげん》にあるものです。しかしながら、初《はじ》めからある「いのち」のことですから、言葉化《ことばか》ができないのです。

本来《ほんらい》、神道《しんとう》とは自分《じぶん》の外《そと》にあって客観的対象《きゃっかんてきたいしょう》として知識《ちしき》や理論《りろん》で考《かんが》えるものでなく、自分《じぶん》のこの「いのち」が祖先《そせん》の「いのち」に連《つら》なっており自分自身《じぶんじしん》が今《いま》、天地《てんち》一貫《いっかん》の「いのち」の中《なか》に生《い》かされている事実《じじつ》に気《き》づくことです。

つまり、理屈《りくつ》でなく、体認《たいにん》の世界《せかい》なのです。そして、その「いのち」に触《ふ》れ、その「いのち」と一《ひと》つになって生《い》かされていることに感謝《かんしゃ》しながら、社会生活《しゃかいせいかつ》を営《いとな》んできたのがわが国《くに》の国柄《くにがら》であります。近代主義《きんだいしゅぎ》とは立《た》っている舞台《ぶたい》が全《まった》く異《こと》なっているのです。要《よう》するに、自我《じが》の奥《おく》にある天地一貫《てんちいっかん》の「いのち」に軸足《じくあし》を置《お》いて、なおかつ社会《しゃかい》のルールを守《まも》りながら生《い》きてきたのです。

ですから、先《さき》の東日本大震災《ひがしにほんだいしんさい》でも無意識《むいしき》のうちにその大事《だいじ》がよみがえり、非常時《ひじょうじ》にもかかわらず、略奪《りゃくだつ》や暴動《ぼうどう》が起《お》こらず礼節《れいせつ》と秩序《ちつじょ》を失《うしな》わなかったのです。本来《ほんらい》、私《わたし》たちの日常生活《にちじょうせいかつ》を律《りつ》している秩序《ちつじょ》が崩壊《ほうかい》している状態《じょうたい》で、社会秩序《しゃかいちつじょ》を維持《いじ》することは不可能《ふかのう》だからです。これは、私《わたし》たち日本人《にほんじん》が自我《じが》の奥《おく》にある天地一貫《てんちいっかん》の「いのち」と一《ひと》つになって生《い》きている証左《しょうさ》であります。

記紀《きき》の冒頭《ぼうとう》の記述《きじゅつ》通《どお》り、初《はじ》めから天地《てんち》という大自然《だいしぜん》が存在《そんざい》しています。初《はじ》めがないのです。初《はじ》めがないということは、終《おわ》りがないということです。永遠《えいえん》の「いのち」が初《はじ》めからあるのです。要《よう》するに、その天地《てんち》の「いのち」は滅《ほろ》びないということです。

その証拠《しょうこ》は、全国《ぜんこく》の神社《じんじゃ》の存在《そんざい》です。神代《かみよ》の神々《かみがみ》が今《いま》、全国約八万《ぜんこくやくはちまん》の神社《じんじゃ》にご鎮《ちん》座《ざ》している事実《じじつ》です。ご神霊《しんれい》（「いのち」）は絶対《ぜったい》に滅《ほろ》びないという確信《かくしん》があるから、神社祭祀《じんじゃさいし》は執《と》り行《おこな》われています。

この確信《かくしん》がなければ、すべては子供《こども》の「ままごとあそび」と同《おな》じになってしまいます。神々《かみがみ》が今《いま》もなお生《い》きているから神社《じんじゃ》の神職《しんしょく》は、毎日《まいにち》お食事《しょくじ》を差《さ》し上《あ》げているのです。それがお日供祭《にっくさい》（神様《かみさま》のお食事《しょくじ》）です。大嘗祭《だいじょうさい》（新嘗祭《にいなめさい》）も天照大御神《あまてらすおおみかみ》はじめ八百万《やおよろず》の神々《かみがみ》の「いのち」が生《い》きているから、初穂《はつほ》をまず先祖《せんぞ》の神々《かみがみ》にお供《そな》えするのです。これが霊魂不滅《れいこんふめつ》の信仰《しんこう》であり、わが国《くに》の特質《とくしつ》であります。

最新《さいしん》の科学《かがく》でも「生《せい》と死《し》は対極《たいきょく》にあるのではなく、生《せい》の中《なか》に誕生《たんじょう》と死《し》がペアで書《か》きこまれている」ことが明《あき》らかになっています（平成二十八年十二月七日付産経《へいせいにじゅうはちねんじゅうにがつなのかづけさんけい》新聞《しんぶん》）。つまり、私《わたし》たちの肉体《にくたい》はいずれ滅《ほろ》びる。しかし、死《し》なないのです。これは平成二十八年《へいせいにじゅうはちねん》にノーベル賞《しょう》を頂《いただ》いた大隅良典東京工業大学栄誉教授《おおすみよしのりとうきょうこうぎょうだいがくえいよきょうじゅ》の研究成果《けんきゅうせいか》と言《い》われています。

しかしながら、日本人《にほんじん》は何千年《なんぜんねん》も前《まえ》からこの大事《だいじ》が分《わ》かっていました。だから祭《まつ》りが生《う》まれるのです。祭祀《さいし》があるということは、「いのち」は滅《ほろ》びないことを証明《しょうめい》しています。その天地《てんち》に内在《ないざい》している「いのち」を私《わたし》たちの先祖《せんぞ》は、「神様《かみさま》」とお呼《よ》び申《もう》し上《あ》げたのです。物《もの》（存在《そんざい》）には物《もの》を生《う》み給《たも》うた神様《かみさま》が宿《やど》っているという信《しん》仰《こう》です。万物《ばんぶつ》には神々《かみがみ》の「いのち」が流《なが》れているのです。

しかし、その「いのち」は存在世界《そんざいせかい》を超越《ちょうえつ》している一神教《いっしんきょう》の神《かみ》（ゴッド）とは全《まった》く異《こと》なります。存在世界《そんざいせかい》の一切《いっさい》の「いのち」は一《ひと》つですが、同時《どうじ》にその一《いち》の中《なか》に八《や》百万《およろず》の神々《かみがみ》の「いのち」が含《ふく》まれているのです。無尽蔵《むじんぞう》の「いのち」です。つまり、私《わたし》たちは天地《てんち》、大自然《だいしぜん》に百《ひゃく》パーセント生《い》かされて生《い》きている存在《そんざい》なのです。天地《てんち》と相対峙《あいたいじ》して存在《そんざい》しているのでなく、天地《てんち》と初《はじ》めから一《ひと》つなのです。先述《せんじゅつ》のように、このことは最新《さいしん》の科学《かがく》の世界《せかい》でも正《ただ》しいことが明《あき》らかになっています。

欧米人《おうべいじん》になかなか理解《りかい》できないのが、この日本人《にほんじん》の神意識《かみいしき》です。それは客観的対《きゃっかんてきたい》象《しょう》ではなく、自分自身《じぶんじしん》の内《うち》にある「いのち」のことだからです。この日本人《にほんじん》の「いのち」の内《うち》に、私《わたし》たち日本人以上《にほんじんいじょう》に深《ふか》く分《わ》け入《い》り、その真実《しんじつ》を理解《りかい》した方《かた》が、明治《めいじ》二十三年《にじゅうさんねん》に来日《らいにち》しましたラフカディオ・ハーン（小泉八雲《こいずみやくも》）です。

そして、八雲《やくも》（ハーン）は、やがて西欧《せいおう》の近代文明《きんだいぶんめい》が行《い》き詰《づ》まりを示《しめ》す時《とき》にそれを救《すく》うものは、この日本人《にほんじん》の祖先《そせん》とともに生《い》きているという信仰《しんこう》である、と予言《よげん》したのであります。まさに今《いま》、八雲《やくも》の予言通《よげんどお》り、地球環境問題《ちきゅうかんきょうもんだい》に象徴《しょうちょう》されるように政治《せいじ》、経済《けいざい》、文化《ぶんか》、教育等《きょういくとう》の各分野《かくぶんや》で近代文明社会《きんだいぶんめいしゃかい》が様々《さまざま》な課題《かだい》に直面《ちょくめん》し、ポスト近代《きんだい》が模索《もさく》されています。

その超克《ちょうこく》は、相対峙《あいたいじ》して見《み》る自我《じが》を制御《せいぎょ》し、私《わたし》たちを生《い》かしてくれている本源《ほんげん》の「いのち」への回帰《かいき》。すなわち軸足《じくあし》を自我《じが》の奥《おく》に置《お》くという本来《ほんらい》の日本人《にほんじん》の「こころ」が何《なに》よりも求《もと》められているのではないでしょうか。私《わたし》たちは初《はじ》めから、無条件《むじょうけん》の「いのち」に包《つつ》まれて生《い》きています。無条件《むじょうけん》ですからとても温《あたた》かい心《こころ》です。しかし、自我《じが》の相対峙《あいたいじ》した心《こころ》で見《み》るとその繋《つな》がりは断《た》ち切《き》られ、冷酷《れいこく》になります。この冷《つめ》たい心《こころ》は天地《てんち》に無《な》い心《こころ》ですから、必《かなら》ず滅《ほろ》びます。

かつて、末法思想《まっぽうしそう》が蔓延《まんえん》した中世《ちゅうせい》において、それを克服《こくふく》するために式年遷宮《しきねんせんぐう》（大《だい》神嘗祭《かんなめさい》）を担《にな》う神宮祠官《じんぐうしかん》が、ご遷宮《せんぐう》の祭儀《さいぎ》そのものが末法思想《まっぽうしそう》とは対極《たいきょく》にあることを認識《にんしき》し、古代《こだい》から口伝《くでん》によって伝承《でんしょう》されてきた神嘗祭《かんなめさい》の前夜《ぜんや》に天照大御神《あまてらすおおみかみ》から賜《たま》わった託宣《たくせん》の言葉《ことば》化《か》を初《はじ》めて行《おこな》ったのです。

人《ひと》は乃《すなわ》ち天下《あめのした》の神物《しんもつ》なり、須《すべか》らく静謐《せいひつ》を掌《つかさど》るべし。心《こころ》は乃《すなわ》ち神明《しんめい》の主《しゅ》たり、心《しん》神《しん》を傷《いた》ましむる莫《なか》れ。神《かみ》は垂《た》るるに、祈禱《きとう》を以《もっ》て先《さき》と為《な》し、冥《めい》は加《くは》ふるに、正《せい》直《ちょく》を以《もっ》て本《もと》と為《な》す。（『宝基本記《ほうきほんぎ》』）

その眼目《がんもく》は、心神思想《しんしんしそう》です。「心神《しんしん》」とは、大宇宙《だいうちゅう》の主宰神《しゅさいしん》であります天之御中《あめのみなか》主神《ぬしのかみ》であり、そのご神徳《しんとく》が現象界《げんしょうかい》に現《あら》われた天照大御神《あまてらすおおみかみ》です。両神《りょうしん》は一体《いったい》であると伊勢《いせ》では信仰《しんこう》していたのであります。そして、その天之御中主神《あめのみなかぬしのかみ》、天照大御《あまてらすおおみ》神《かみ》を私《わたし》たちは心《こころ》の中《なか》に宿《やど》しているのです。私《わたし》たちの「いのち」には、神代以来《かみよいらい》の先《せん》祖《ぞ》の「いのち」が生《い》きており、一人《ひとり》ひとりとても貴《とうと》い存在《そんざい》なのであります。

要《よう》するに、私《わたし》たちの本性《ほんせい》は神性《しんせい》なものであり、その本性《ほんせい》を回復《かいふく》するならば末法時《まっぽうじ》代《だい》といえども悲観《ひかん》する必要《ひつよう》がないし、それを克服《こくふく》できるというものです。ここには仏教《ぶっきょう》の宿業思想《しゅくごうしそう》（過去《かこ》に悪《わる》い行為《こうい》・業《ごう》を行《おこな》ったので、今《いま》、悪《わる》い状態《じょうたい》に生《う》まれ変《か》っていると考《かんが》える思想《しそう》）とは根本的《こんぽんてき》に異《こと》なり、自《みずか》らの本性《ほんせい》に対《たい》する限《かぎ》りない感動《かんどう》と感謝《かんしゃ》があります。自分自身《じぶんじしん》の「いのち」に対《たい》する感動《かんどう》なのです。

この先祖《せんぞ》の「いのち」（心神《しんしん》）と一《ひと》つで生《い》きている限《かぎ》り、天地《てんち》の初《はじ》めは毎日今日《まいにちきょう》なのです。私《わたし》たちは生《う》まれたままの清浄無垢《せいじょうむく》の本来《ほんらい》の姿《すがた》に立《た》ち返《かえ》ることができるというものです。決《けっ》して私《わたし》たちは単独《たんどく》で、父祖兄弟《ふそきょうだい》と相対峙《あいたいじ》した独立《どくりつ》の人格《じんかく》として存在《そんざい》しているのではないのです。この神代以来《かみよいらい》の一貫《いっかん》の「いのち」を守《まも》ってきたのが、古《ふる》い伊勢《いせ》の信仰《しんこう》であり、伊勢神宮《いせじんぐう》であります。

実《じつ》は私自身《わたしじしん》、敗戦後《はいせんご》の教育《きょういく》によって育《そだ》った世代《せだい》ですから、伊勢神道《いせしんとう》を学《まな》ぶ以前《いぜん》は、多《おお》くの日本人《にほんじん》、また欧米人《おうべいじん》と同《おな》じように近代個人主義《きんだいこじんしゅぎ》（自我《じが》の確立《かくりつ》）が人類《じんるい》の最《もっと》も進《すす》んだ思想《しそう》と考《かんが》えていたことはごく自然《しぜん》のことであったのです。

しかし、古《ふる》い伊勢《いせ》の思想《しそう》である伊勢神道《いせしんとう》に学《まな》び、わが国最古《くにさいこ》の古典《こてん》『古事記《こじき》』をひもとき、自分自身《じぶんじしん》の神霊《しんれい》と向《む》き合《あ》うことにより、日本人《にほんじん》の本質《ほんしつ》、わが国《くに》の国柄《くにがら》は、たとえ肉体《にくたい》は滅《ほろ》びても、その本体《ほんたい》の御魂《みたま》（いのち）は死《し》することなく永遠《えいえん》に生《い》きつづけ子孫《しそん》の幸福《こうふく》を見守《みまも》っている、という霊魂不滅《れいこんふめつ》の信仰《しんこう》に出会《であ》ったのであります。そして、自分自身《じぶんじしん》の心《こころ》のうちに、父母《ふぼ》、祖父母《そふぼ》をはじめ先祖《せんぞ》の神々《かみがみ》がいまともに生《い》きつづけていることを強《つよ》く感《かん》じるようになったのです。

何《なに》よりも大嘗祭《だいじょうさい》（新嘗祭《にいなめさい》）の本質《ほんしつ》もこの一点《いってん》にあります。大嘗祭《だいじょうさい》（新嘗祭《にいなめさい》）は、天皇陛下《てんのうへいか》の祭祀《さいし》ですが、同時《どうじ》に私《わたし》たち国民一人《こくみんひとり》ひとりの祭祀《さいし》です。というのは、わが国《くに》は初《はじ》めからある天地一貫《てんちいっかん》の「いのち」を君臣《くんしん》（天皇陛下《てんのうへいか》と国民《こくみん》）が一《ひと》つになって守《まも》ってきた国柄《くにがら》だからです。

これは私《わたし》たち人間《にんげん》の作《つく》った思想《しそう》でもなければ、イデオロギーでもないです。初《はじ》めからある「いのち」のことなのです。つまり、大嘗祭《だいじょうさい》（新嘗祭《にいなめさい》）を考《かんが》えることは、私《わたし》たち一人《ひとり》ひとり自分自身《じぶんじしん》の「いのち」を考《かんが》えることなのであります。

そのような思《おも》いを込《こ》めて平成二十八年《へいせいにじゅうはちねん》『新嘗《にいなめ》のこころ』を刊行《かんこう》いたしましたが、本年《ほんねん》（令和元年《れいわがんねん》）十一月十四《じゅういちがつじゅうよん》〜十五日《じゅうごにち》には天皇陛下《てんのうへいか》ご即位後《そくいご》初《はじ》めて執《と》り行《おこな》われる新嘗祭《にいなめさい》であります大嘗祭《だいじょうさい》（おおにえのまつり）がご斎行《さいこう》されます。

そこで今回《こんかい》、前著《ぜんちょ》の新嘗祭《にいなめさい》に関《かん》する拙稿《せっこう》を一《ひと》つにまとめ「大嘗祭《だいじょうさい》（新嘗祭《にいなめさい》）のこころ」とし、前著《ぜんちょ》の「神宮《じんぐう》における神嘗祭《かんなめさい》の眼目《がんもく》」と併《あわ》せて改訂版《かいていばん》を刊行《かんこう》することになりました。したがって、前著同様《ぜんちょどうよう》に駄文《だぶん》の上《うえ》、重複《ちょうふく》が多《おお》いことをあらかじめお断《ことわ》りいたします。

なお本書《ほんしょ》では、大嘗祭《だいじょうさい》（新嘗祭《にいなめさい》）についての制度論《せいどろん》、法律論等《ほうりつろんとう》の包括的問題《ほうかつてきもんだい》については特《とく》に触《ふ》れていません。本書《ほんしょ》はただ一点《いってん》、神代《かみよ》から大嘗祭《だいじょうさい》（新嘗祭《にいなめさい》）を通《とお》して何《なに》を守《まも》ってきたか、その本質《ほんしつ》に焦点《しょうてん》を当《あ》てたものです。ご高覧《こうらん》頂《いただ》ければ幸《さいわ》いに思《おも》います。何《なに》よりこれが現在《げんざい》の私自身《わたしじしん》の心境《しんきょう》です。

令和元年十月吉日《れいわがんねんじゅうがつきちじつ》

小野善一郎《おのぜんいちろう》

【目次】

第一章《だいいっしょう》　大嘗祭《だいじょうさい》のこころ

はじめに

大嘗祭《だいじょうさい》（新嘗祭《にいなめさい》）のこころ、大嘗祭《だいじょうさい》（新嘗祭《にいなめさい》）を考《かんが》えるということは、結論《けつろん》から先《さき》に申《もう》し上《あ》げるならば、私《わたし》たち一人《ひとり》ひとりが、自分自身《じぶんじしん》の神霊《しんれい》を考《かんが》えることに外《ほか》ならないということであります。いま生《い》きている私《わたし》たちの心《こころ》のうちに、常《つね》に先祖《せんぞ》の「いのち」、わが国一貫《くにいっかん》の「いのち」が生《い》き続《つづ》けているのです。この一貫《いっかん》の「いのち」は、たとえ私《わたし》たちの肉体《にくたい》は滅《ほろ》びても死《し》することなく、永遠《えいえん》に生《い》き続《つづ》けて子孫《しそん》の幸福《こうふく》を見守《みまも》っているのであります。

その証明《しょうめい》は、全国《ぜんこく》の神社《じんじゃ》の存在《そんざい》です。神社《じんじゃ》には神代《かみよ》の神々《かみがみ》が、今《いま》でも祀《まつ》られています。神々《かみがみ》が今《いま》もなお生《い》きているから神職《しんしょく》は、毎日《まいにち》お食事《しょくじ》を差《さ》し上《あ》げているのです。これが祭《まつ》りです。大嘗祭《だいじょうさい》（新嘗祭《にいなめさい》）も先祖《せんぞ》の「いのち」が生《い》きているから、初穂《はつほ》をまず先祖《せんぞ》の神々《かみがみ》に差《さ》し上《あ》げるのです。これは祖先《そせん》の記憶《きおく》のことでなく、現《げん》にいま生《い》きている「いのち」のことです。

これが霊魂不滅《れいこんふめつ》の信仰《しんこう》であり、わが国《くに》の国柄《くにがら》なのであります。そして、その私《わたし》たちの心《こころ》の中《なか》に宿《やど》っている「いのち」を具体的《ぐたいてき》な人格神《じんかくしん》として天之御中主神《あめのみなかぬしのかみ》、天照大御神《おおみかみ》と古《ふる》い伊勢《いせ》ではお呼《よ》び申《もう》し上《あ》げているのであります。何《なに》よりも私《わたし》たちの心《こころ》のうちにある神様《かみさま》（心神《しんしん》）を大切《たいせつ》にし、我欲《がよく》によって晦《くら》まさないよう、常《つね》に努力《どりょく》しなければならないと考《かんが》えることが、古《ふる》くからの日本人《にほんじん》の素直《すなお》な心《こころ》であったのです。

その一貫《いっかん》の「いのち」、心神《しんしん》を君臣《くんしん》（天皇陛下《てんのうへいか》と国民《こくみん》）ともに守《まも》り続《つづ》けてきたのが大嘗祭《だいじょうさい》（新嘗祭《にいなめさい》）の眼目《がんもく》であります。

ところで、十一月《じゅういちがつ》二十三日《にじゅうさんにち》は勤労感謝《きんろうかんしゃ》の日《ひ》として国民《こくみん》の祝日《しゅくじつ》となっていますが、本来《ほんらい》は新穀《しんこく》への感謝《かんしゃ》の心《こころ》を捧《ささ》げる新嘗祭《にいなめさい》の日《ひ》です。わが国《くに》では元来《がんらい》、働《はたら》くということは神様《かみさま》の仕事《しごと》でした。神様《かみさま》が高天原《たかまのはら》で稲作《いなさく》を行《おこな》っていたのを私《わたし》たち人間《にんげん》にお任《まか》せしたのです。

『古事記《こじき》』、『日本書紀《にほんしょき》』によれば、天照大御神《あまてらすおおみかみ》は高天原《たかまのはら》で新嘗祭《にいなめさい》を行《おこな》っていることが知《し》られます。『古事記《こじき》』には、

勝《かち》さびに、天照大御神《あまてらすおおみかみ》の営田《つくだ》の畔《あ》を離《はな》ち、その溝《みぞ》を埋《うづ》め、またその大嘗《おおにへ》を聞《き》こしめす殿《との》に屎《くそ》まり散《ち》らしき。

とあります。天照大御神《あまてらすおおみかみ》にお会《あ》いするために高天原《たかまのはら》に上《のぼ》って行《い》かれた須佐之男命《すさのおのみこと》は、その御心《みこころ》の清《きよ》らかなことが証明《しょうめい》された瞬間《しゅんかん》、本来《ほんらい》の心《こころ》から離《はな》れ、傲慢《ごうまん》となり、乱暴《らんぼう》の限《かぎ》りを働《はたら》きます。天照大御神《あまてらすおおみかみ》が新嘗祭《にいなめさい》のための稲《いね》を作《つく》っている神田《しんでん》の畔《あぜ》を壊《こわ》したり、神田《しんでん》に水《みず》を引《ひ》く溝《みぞ》を埋《う》めたりし、また天照大御神《あまてらすおおみかみ》が新嘗祭《にいなめさい》の新穀《しんこく》を召《め》

しあがる神殿《しんでん》に屎《くそ》をまきちらかしたのであります。

この古伝承《こでんしょう》によれば、天照大御神《あまてらすおおみかみ》は、高天原《たかまのはら》の主宰神《しゅさいしん》でありながら新穀《しんこく》を以《も》って天《あま》つ神《かみ》を神《かん》ながらに祭《まつ》られていることが知《し》られます。祭《まつ》られる神《かみ》が祭《まつ》る神《かみ》でもあるのです。高天原《たかまのはら》を治《おさ》められている天照大御神《あまてらすおおみかみ》でも、常《つね》に先祖《せんぞ》の神様《かみさま》に感謝《かんしゃ》の心《こころ》を捧《ささ》げているのであります。ここにわが国一貫《くにいっかん》の「いのち」を見《み》るのであります。

その一貫《いっかん》の「いのち」は、私《わたし》たちの身体《からだ》の中《なか》にも流《なが》れています。なぜなら神々《かみがみ》は、私《わたし》たちの先祖《せんぞ》だからです。ですから本来《ほんらい》、大嘗祭《だいじょうさい》(新嘗祭《にいなめさい》)とは、私《わたし》たち自身《じしん》の「いのち」を考《かんが》えることなのです。

また、『日本書紀《にほんしょき》』には、天児屋命《あめのこやねのみこと》、布刀玉命《ふとだまのみこと》に対《たい》して「吾《わ》が高天原《たかまのはら》に所御《きこしめ》す斎庭《ゆには》の穂《いなのほ》を以《もっ》て、亦吾《またわ》が児《みこ》に御《まか》せまつるべし」(高天原《たかまのはら》にある神様《かみさま》に捧《ささ》げる神聖《しんせい》な稲穂《いなほ》をわが子《みこ》に与《あた》えなさい)という斎庭稲穂《ゆにわのいなほ》の神勅《しんちょく》が伝《つた》えられております。

このように稲作《いなさく》は、わが国《くに》の人々《ひとびと》が生《い》きてゆく上《うえ》で最《もっと》も大切《たいせつ》な生業《なりわい》として神代《かみよ》より重視《じゅうし》されてきたのです。何《なに》よりも稲《いね》は、天照大御神《あまてらすおおみかみ》より私《わたし》たちに与《あた》えられたということが大事《だいじ》です。天照大御神《あまてらすおおみかみ》が高天原《たかまのはら》で稲作《いなさく》を行《おこな》っていたのを私《わたし》たちにお任《まか》せしたのです。ですから日本人《にほんじん》の労働観《ろうどうかん》には、ユダヤ・キリスト教《きょう》のような罰則《ばっそく》の観点《かんてん》はなく、逆《ぎゃく》に働《はたら》くことは神聖《しんせい》であり、神事《しんじ》でもあったのです。お米《こめ》は神様《かみさま》が食《しょく》される神聖《しんせい》な食《た》べ物《もの》であると同時《どうじ》に、私《わたし》たちが生《い》きて行《ゆ》くための「いのちのね」として、大切《たいせつ》に受《う》け継《つ》がれてきたのであります。

ところが、先《さき》の大戦《たいせん》で敗《やぶ》れたために占領軍《せんりょうぐん》（GHQ）の意向《いこう》で、戦後昭和《せんごしょうわ》二《に》十二年《じゅうにねん》、一連《いちれん》の皇室関係法令《こうしつかんけいほうれい》、とりわけ皇室《こうしつ》の祭祀《さいし》を規定《きてい》した皇室祭祀令《こうしつさいしれい》は廃止《はいし》となり、また戦前《せんぜん》の祝祭日《しゅくさいじつ》にも改廃《かいはい》が加《くわ》えられました。私《わたし》たちの先祖《せんぞ》は、儀式《ぎしき》（祭《さい》祀《し》）を通《とお》して、無限《むげん》の過去《かこ》の「いのち」を今《いま》に伝《つた》えてきたのです。

その私《わたし》たち日本人《にほんじん》が、神代《かみよ》から受《う》け継《つ》いできた一貫《いっかん》の「いのち」を中断《ちゅうだん》させるために、かつての祝祭日《しゅくさいじつ》の本来《ほんらい》の意味《いみ》を学校《がっこう》や地域社会《ちいきしゃかい》で教《おし》えなくしたのであります。日本人《にほんじん》の精神《せいしん》の弱体化政策《じゃくたいかせいさく》です。祭《まつ》りが中断《ちゅうだん》すると、私《わたし》たちの先祖《せんぞ》の精神《せいしん》、感情《かんじょう》は後世《こうせい》に伝《つた》わらなくなります。伝承《でんしょう》されない感情《かんじょう》は、不明《ふめい》となるからです。

その結果《けっか》、十一月二十三日《じゅういちがつにじゅうさんにち》の新嘗祭《にいなめさい》は勤労感謝《きんろうかんしゃ》の日《ひ》に。十一月三日《じゅういちがつみっか》の明治天皇《めいじてんのう》誕生日《たんじょうび》でありますま明治節《めいじせつ》は文化《ぶんか》の日《ひ》に。二月十一日《にがつじゅういちにち》のわが国《くに》の建国記念日《けんこくきねんび》でありますま紀元節《きげんせつ》は、祝日《しゅくじつ》から削除《さくじょ》されたのです。しかしその後《ご》、紀元節《きげんせつ》は、国民《こくみん》の間《あいだ》に復活《ふっかつ》させようという動《うご》きが高《たか》まり、昭和四十一年《しょうわよんじゅういちねん》に建国記念《けんこくきねん》の日《ひ》として復活《ふっかつ》いたしました。

新嘗祭《にいなめさい》は勤労感謝《きんろうかんしゃ》の日《ひ》になりましたが、今《いま》でも宮中《きゅうちゅう》では天皇陛下《てんのうへいか》御親《おんみずか》ら新穀《しんこく》を神々《かみがみ》にお供《そな》えになり、その年《とし》の収穫《しゅうかく》を感謝《かんしゃ》する新嘗祭《にいなめさい》が執《と》り行《おこな》われ、全国《ぜんこく》の神社《じんじゃ》でも行《おこな》われています。かつてはどこの家庭《かてい》でも、この稲《いね》の収穫祭《しゅうかくさい》である新嘗祭《にいなめさい》を祝《いわ》っていたのです。

天皇陛下《てんのうへいか》始《はじ》め日本国民全員《にほんこくみんぜんいん》で、五穀豊穣《ごこくほうじょう》の実《みの》りに感謝《かんしゃ》の誠《まこと》を捧《ささ》げていたのです。

今《いま》ではその意味《いみ》が不明《ふめい》となり、新米《しんまい》が八月頃《はちがつごろ》から店頭《てんとう》に出回《でまわ》っていますが、本来《ほんらい》は新嘗祭《にいなめさい》が終《お》わってから初《はじ》めてその年《とし》の新米《しんまい》を食《た》べたのであります。

ちなみに、その新嘗祭《にいなめさい》と対《つい》になるのが二月十七日《にがつじゅうしちにち》に執《と》り行《おこな》われる祈年祭《きねんさい》（としごいのまつり）です。「年《とし》」は稲《いね》の稔《みの》りの意味《いみ》です。稲《いね》は取《と》り入《い》れるのに一年間《いちねんかん》かかることから、「とし」の意味《いみ》になります。祈年祭《きねんさい》とは、稲籾《いなもみ》を蒔《ま》く春《はる》の初《はじ》めに当《あ》たるこの時期《じき》に、その年一年《としいちねん》の五穀豊穣《ごこくほうじょう》を祈願《きがん》する祭典《さいてん》であります。

また、その年毎《としごと》の新嘗祭《にいなめさい》ですが、天皇陛下《てんのうへいか》ご即位後《そくいご》初《はじ》めて執《と》り行《おこな》う新嘗祭《にいなめさい》を大《だい》嘗祭《じょうさい》（おおにえのまつり）と申《もう》し上《あ》げます。天皇陛下《てんのうへいか》の皇位継承《こういけいしょう》に伴《ともな》って行《おこな》われる諸儀式《しょぎしき》の中《なか》でも、古《ふる》くから重視《じゅうし》されてきた国家的祭儀《こっかてきさいぎ》で、大嘗祭《だいじょうさい》を行《おこな》うために設《もう》けられた大嘗宮《だいじょうきゅう》（悠紀殿《ゆきでん》・主基殿《すきでん》）で天皇陛下御親《てんのうへいかおんみずか》ら斎戒《さいかい》（心身《しんしん》を清《きよ》めること）に斎戒《さいかい》を重《かさ》ねた上《うえ》、新穀《しんこく》を天照大御神始《あまてらすおおみかみはじ》め天神地祇《てんじんちぎ》に献《けん》じ、天皇陛下御親《てんのうへいかおんみずから》も食《しょく》する神事《しんじ》であります。天皇陛下《てんのうへいか》一世《いっせい》に一度《いちど》の大祭祀《だいさいし》なのであります。

大嘗祭《だいじょうさい》では、新嘗祭《にいなめさい》とは異《こと》なり、特別《とくべつ》の斎田《さいでん》（清浄《せいじょう》な田《た》）として悠紀田《ゆきでん》（東日《ひがしに》本代表《ほんだいひょう》・この度《たび》は栃木県《とちぎけん》）、主基田《すきでん》（西日本代表《にしにほんだいひょう》・この度《たび》は京都府《きょうとふ》）を定《さだ》め、そこで収穫《しゅうかく》された新穀《しんこく》を悠紀殿《ゆきでん》と主基殿《すきでん》の大嘗宮《だいじょうきゅう》での神事《しんじ》に供《そな》えられます。その大嘗《だいじょう》祭《さい》が本年《ほんねん》（令和元年《れいわがんねん》）十一月十四《じゅういちがつじゅうよん》〜十五日《じゅうごにち》ご斎行《さいこう》されるのであります。

その新嘗祭《にいなめさい》、大嘗祭《だいじょうさい》と対応関係《たいおうかんけい》にありますのが、伊勢神宮《いせじんぐう》の神嘗祭《かんなめさい》であり、式《しき》年遷宮《ねんせんぐう》（大神嘗祭《だいかんなめさい》）であります。なぜ神宮祭祀《じんぐうさいし》と宮中祭祀《きゅうちゅうさいし》が対応関係《たいおうかんけい》にあるかと言《い》えば、神宮《じんぐう》のご祭神《さいじん》の天照大御神《あまてらすおおみかみ》はもともと皇居《こうきょ》に祭《まつ》られていたからです。それが第十代崇神天皇《だいじゅうだいすじんてんのう》のときに倭笠縫邑《やまとのかさぬいのむら》（奈良県桜井市《ならけんさくらいし》）に祭《まつ》られ、次《つ》いで、第《だい》十一代垂仁天皇《じゅういちだいすいにんてんのう》のときに、諸国《しょこく》を巡《めぐ》られた後《あと》、現在地《げんざいち》の五十鈴川《いすずがわ》のほとりにご鎮《ちん》座《ざ》されたのであります。

ご鎮座《ちんざ》の年《とし》に関《かん》しましては、垂仁天皇《すいにんてんのう》二十五年説《にじゅうごねんせつ》と二十六年説《にじゅうろくねんせつ》があります。現《げん》在神宮《ざいじんぐう》では、『日本書紀《にほんしょき》』の一書《いっしょ》の伝《でん》により、垂仁天皇《すいにんてんのう》二十六年九月十七日《にじゅうろくねんくがつじゅうしちにち》を神《じん》宮鎮座《ぐうちんざ》の日《ひ》としています。それは紀元前四年《きげんぜんよねん》にあたります。約二千年前《やくにせんねんまえ》です。ですから、神宮祭祀《じんぐうさいし》は宮中祭祀《きゅうちゅうさいし》の延長線上《えんちょうせんじょう》にあり、ほぼ対応関係《たいおうかんけい》にあります。

大嘗祭《だいじょうさい》（新嘗祭《にいなめさい》）の本質《ほんしつ》

わが国《くに》の記紀古伝承《ききこでんしょう》によれば、初《はじ》めに天地《あめつち》という存在《そんざい》があり、それを物実《ものざね》として天之御中主神《あめのみなかぬしのかみ》が生《う》まれています。

『古事記《こじき》』には次《つぎ》のように記載《きさい》されています。

天地初《あめつちはじ》めて発《ひら》けし時《とき》、高天原《たかまのはら》に成《な》りし神《かみ》の名《な》は、天之御中主神《あめのみなかぬしのかみ》、次《つぎ》に高御産巣日神《たかみむすひのかみ》、次《つぎ》に神産巣日神《かみむすひのかみ》。この三柱《みはしら》の神《かみ》は、みな独神《ひとりがみ》と成《な》りまして、身《み》を隠《かく》したまひき。（『古事記《こじき》』㊤講談社《こうだんしゃ》）

初《はじ》めに神様《かみさま》があるのではなく、天地《あめつち》という存在《そんざい》が先《さき》であり、その存在《そんざい》を物実《ものざね》（神々《かみがみ》が生《う》まれてくる物種《ものだね》）として神様《かみさま》が生《う》まれたのであります。その最初《さいしょ》の神様《かみさま》を天之御中主神《あめのみなかぬしのかみ》とお呼《よ》び申《もう》し上《あ》げたのであります。

物《もの》には物《もの》を生《う》み給《たも》うた神様《かみさま》がご鎮座《ちんざ》しているという信仰《しんこう》です。初《はじ》めから大自然一《だいしぜんいっ》貫《かん》の「いのち」が生《い》き続《つづ》けているのです。初《はじ》めが無《な》いのです。ですから終《おわ》りも無《な》い。時間化《じかんか》できない永遠《えいえん》の「いのち」です。滅《ほろ》びない「いのち」が初《はじ》めから存在《そんざい》しているのです。

その「いのち」は、私《わたし》たち一人《ひとり》ひとりの身体《からだ》の中《なか》にも宿《やど》っているのであります。私《わたし》たちは大自然《だいしぜん》の中《なか》で生《い》かされている訳《わけ》ですから、当然《とうぜん》です。そして、この大《おお》いなる「いのち」によって生《い》かされている事実《じじつ》に気《き》づき、すべての天地万物《てんちばんぶつ》にその「いのち」を見《み》ながら、感謝《かんしゃ》の生活《せいかつ》をしていたのが、私《わたし》たちの遠《とお》い先祖《せんぞ》であったのです。

万物《ばんぶつ》は単《たん》なる「もの」ではないのであります。

この大事《だいじ》をかつて、日本人《にほんじん》は誰《だれ》もが分《わ》かっていたのです。山《やま》には山《やま》の神様《かみさま》が宿《やど》っている。これを「大山津見神《おおやまつみのかみ》」と呼《よ》んだのです。海《うみ》は「大綿津見神《おおわたつみのかみ》」、風《かぜ》は「志那都比古神《しなつひこのかみ》」、木《き》は「久久能智神《くくのちのかみ》」なのです。物《もの》には物《もの》を生《う》み給《たも》うた神様《かみさま》が宿《やど》っていることが分《わ》かっていたのです。

ところが、本来《ほんらい》の心《こころ》から離《はな》れた異心《ことごころ》の状態《じょうたい》では、この「いのち」が見《み》えません。

ですから、その離《はな》れた異心《ことごころ》を祓《はら》い、初《はじ》めからある神様《かみさま》の「いのち」と一《ひと》つになるのです。すると、この自分自身《じぶんじしん》の「いのち」は山《やま》の「いのち」、海《うみ》の「いのち」、川《かわ》の「いのち」、木《き》の「いのち」、大地《だいち》の「いのち」、風《かぜ》の「いのち」と同《おな》じであることが分《わ》かります。

要《よう》するに、山《やま》は山《やま》の姿《すがた》をした自分《じぶん》。海《うみ》は海《うみ》の姿《すがた》をした自分《じぶん》。木《き》は木《き》の姿《すがた》をした自《じ》分《ぶん》なのです。相対峙《あいたいじ》しない温《あたた》かい心《こころ》です。しかし、わが国《くに》は一神教《いっしんきょう》ではありません。山《やま》には山《やま》の、海《うみ》には海《うみ》の、川《かわ》には川《かわ》の、木《き》には木《き》の働《はたら》きを見《み》て、それぞれの神々《かみがみ》の働《はたら》きをご神名《しんめい》で呼《よ》んでいるのです。私《わたし》たちの名前《なまえ》と同《おな》じです。ここが大事《だいじ》なところです。

それが現在《げんざい》、物《もの》を物《もの》としてしか見《み》ることができなくなり、それを作《つく》った人《ひと》の努《ど》力《りょく》や物《もの》の背後《はいご》にある「いのち」が全《まった》く見《み》えない社会《しゃかい》となってしまったのであります。これは自《みずか》らの本質《ほんしつ》である神性《しんせい》な「いのち」に深《ふか》く思《おも》いを寄《よ》せることなく、それを忘《ぼう》却《きゃく》したためであります。自《みずか》らの本質《ほんしつ》、本体《ほんたい》が分《わ》かれば物《もの》の背後《はいご》にある「いのち」が見《み》えるのです。なぜなら、私《わたし》たちは大自然《だいしぜん》とともに、同《おな》じ一貫《いっかん》の「いのち」に生《い》かされている存在《そんざい》だからであります。

しかしながら今日《こんにち》、過去《かこ》と現在《げんざい》との「いのち」は切《き》り離《はな》され、それぞれ別個《べっこ》のものであると合理的《ごうりてき》に考《かんが》える風潮《ふうちょう》が広《ひろ》がっているのであります。過去《かこ》は現在《げんざい》を知《し》るための過去的素材《かこてきそざい》としての研究対象《けんきゅうたいしょう》でしかないのです。現在《げんざい》が過去《かこ》・先祖《せんぞ》の努力《どりょく》の上《うえ》に成《な》り立《た》っているという感謝《かんしゃ》を全《まった》く忘《わす》れてしまっているのであります。一貫《いっかん》の「いのち」の中断《ちゅうだん》です。戦後七十年経過《せんごななじゅうねんけいか》した今日《こんにち》でも、GHQによる占領政策《せんりょうせいさく》の影《えい》響《きょう》が深《ふか》く浸透《しんとう》しているのです。

ですから、自分自身《じぶんじしん》の「いのち」と向《む》き合《あ》い、本当《ほんとう》の自分《じぶん》を発見《はっけん》するという本源《ほんげん》的《てき》なことが、今何《いまなに》よりも求《もと》められているのであります。私《わたし》たちの祈《いの》る対象《たいしょう》である天《あま》照《てらす》大御神《おおみかみ》でも高天原《たかまのはら》の主宰神《しゅさいしん》でありながら、高天原《たかまのはら》で新嘗祭《にいなめさい》を行《おこな》っているのであります。先《さき》に紹介《しょうかい》しましたが、『古事記《こじき》』には次《つぎ》のように記載《きさい》されています。

ここに速須佐之男命《はやすさのおのみこと》、天照大御神《あまてらすおおみかみ》に白《まを》さく、「我《あ》が心清《こころきよ》く明《あか》き故《ゆえ》に、我《あ》が生《う》みし子《こ》は手弱女《たわやめ》を得《え》つ。これによりて言《まを》さば、自《おのづか》ら我勝《われか》ちぬ」と云《い》ひて、勝《かち》さびに天照大御神《あまてらすおおみかみ》の営田《つくだ》の畔《あ》を離《はな》ち、その溝《みぞ》を埋《う》め、またその大嘗《おおにへ》聞《き》こしめす殿《との》に屎《くそ》まり散《ち》らしき。（前掲書《ぜんけいしょ》）

須佐之男命《すさのおのみこと》は、天照大御神《あまてらすおおみかみ》に「私《わたし》の心《こころ》が清《きよ》らかだったので、私《わたし》の生《う》んだ子《こ》はやさしい女《おんな》の子《こ》だった。この誓約《うけい》の結果《けっか》から言《い》えば、当然《とうぜん》、私《わたし》の心《こころ》の清明《せいめい》なことが証《しょう》明《めい》された」と言《い》って、その証明《しょうめい》された勢《いきお》いに任《まか》せて乱暴《らんぼう》を働《はたら》き始《はじ》めるのです。須佐《すさ》之男命《のおのみこと》は天照大御神《あまてらすおおみかみ》が耕作《こうさく》されている田《た》の畔《あぜ》を壊《こわ》したり、田《た》に水《みず》を引《ひ》く溝《みぞ》を埋《う》めたりし、また天照大御神《あまてらすおおみかみ》が新嘗祭《にいなめさい》の新穀《しんこく》を召《め》しあがる御殿《ごてん》に屎《くそ》をまきちらかしたのであります。

この古伝承《こでんしょう》から天照大御神《あまてらすおおみかみ》が大御神《おおみかみ》でありながら、御親《おんみずか》ら稲作《いなさく》をし、その新穀《しんこく》（初穂《はつほ》）を以《も》って、天《あま》つ神《かみ》を神《かん》ながらに祭《まつ》られていることが知《し》られるのであります。祀《まつ》られる神《かみ》が、祭《まつ》る神《かみ》でもあるのです。天照大御神《あまてらすおおみかみ》であっても常《つね》に慎《つつし》んで、わが国一貫《くにいっかん》の「いのち」である先祖《せんぞ》の天《あま》つ神《かみ》をお祭《まつ》り申《もう》し上《あ》げているのです。絶対神《ぜったいしん》ではなく、その対極《たいきょく》にあり常《つね》に謙虚《けんきょ》なのであります。天《あま》つ神《かみ》の「いのち」から離《はな》れないよう努力《どりょく》されているのです。

何《なに》よりも大事《だいじ》なことは、天照大御神《あまてらすおおみかみ》が祭《まつ》られている天《あま》つ神《かみ》でも、絶対神《ぜったいしん》ではなく、常《つね》に先祖《せんぞ》の神様《かみさま》の御心《みこころ》（神意《しんい》）を伺《うかが》っていることであります。伊邪那岐命《いざなぎのみこと》と伊邪那美命《いざなみのみこと》の二柱《ふたはしら》の神《かみ》は、高天原《たかまのはら》より「おのごろ島《しま》」に天降《あまくだ》られ、自《みずか》ら神聖《しんせい》な高《たか》い御柱《みはしら》を立《た》てて、その御柱《みはしら》を中心《ちゅうしん》として、それを拠《よ》り所《どころ》として国生《くにう》み、神生《かみう》みをされたのですが、最初《さいしょ》に失敗《しっぱい》してしまいます。

つまり、「女人先《おみなさき》に言《い》へるは良《よ》からず」という言葉《ことば》に象徴《しょうちょう》されるように、先祖《せんぞ》の天《あま》つ神《かみ》の御心《みこころ》から離《はな》れてしまいます。ここは男性《だんせい》が先《さき》とか、女性《じょせい》が先《さき》とかの問題《もんだい》ではないです。

「左左右右《ささうう》」（左《ひだり》を左《ひだり》とし、右《みぎ》を右《みぎ》とし）という古《ふる》い伊勢《いせ》の教《おし》えのように、男性《だんせい》は男性《だんせい》らしく、女性《じょせい》は女性《じょせい》らしくすることは当然《とうぜん》ですが、命題《めいだい》は天《あま》つ神《かみ》から離《はな》れないことなのです。天《あま》つ神《かみ》の「いのち」は、初《はじ》めからある「いのち」のことですから言《こと》葉《ば》化《か》できないです。

『古《こ》事《じ》記《き》』の序文《じょぶん》にも「上古《じょうこ》の時《とき》、言意《ことばこころ》並《なら》びに朴《すなほ》にして、文《ぶん》を敷《し》き句《く》を構《かま》ふること、字《じ》におきてすなはち難《かた》し。已《すで》に訓《くん》によりて述《の》べたるは、詞心《ことばこころ》に逮《およ》ばず。全《まった》く音《おん》をもちて連《つら》ねたるは、事《こと》の趣《おもむき》更《さら》に長《なが》し」とあります。古代《こだい》では、言葉《ことば》も心《こころ》も共《とも》に素朴《そぼく》で、その心《こころ》で考《かんが》えていることを文字《もじ》に書《か》き表《あら》わすことは、とても困難《こんなん》であったのです。素直《すなお》な心《こころ》、真《ま》っ直《す》ぐの心《こころ》とは、最初《さいしょ》からある「いのち」のことです。その言葉《ことば》化《か》は本来《ほんらい》できないのです。

「女人先《おみなさき》に言《い》へるは良《よ》からず」とは、その言葉《ことば》化《か》できない世界《せかい》の言葉《ことば》化《か》なのです。不吉《ふきつ》な予兆《よちょう》に気《き》づいたならば、その離《はな》れた異心《ことごころ》を祓《はら》って、元《もと》に戻《もど》ればよかったのですが、二柱《ふたはしら》の神《かみ》はそれをせずに、離《はな》れた異心《ことごころ》、即《すなわ》ち自我《じが》の判断《はんだん》で御子《みこ》をお生《う》みになってしまったのです。

その離《はな》れた異心《ことごころ》の状態《じょうたい》が水蛭子《ひるこ》であり淡島《あわしま》なのであります。したがって、次《つぎ》に反省《はんせい》し、その異心《ことごころ》を流《なが》し去《さ》って祓《はら》い、天《あま》つ神《かみ》の御心《みこころ》に立《た》ち返《かえ》ったのであります。

『古事記《こじき》』の物語《ものがたり》ではその後《あと》、伊邪那岐命《いざなぎのみこと》、伊邪那美命《いざなみのみこと》の二柱《ふたはしら》の神《かみ》は、ご一緒《いっしょ》に高《たか》天原《まのはら》に上《のぼ》って天《あま》つ神《かみ》の御教《みおし》えをお受《う》けになったとあります。

即《すなわ》ち共《とも》に参上《まいのぼ》りて天《あま》つ神《かみ》の命《みこと》を請《こ》ひたまひき。ここに天《あま》つ神《かみ》の命《みこと》もちて、ふとまに卜相《うらな》ひて詔《の》りたまはく、「女先《をみなさき》に言《い》ひしによりて良《よ》からず。また還《かえ》り降《くだ》りて改《あらた》め言《い》へ」とのりたまひき。(前掲書《ぜんけいしょ》)

「卜相《うらな》ひて」の「うら」とは、「こころ」という意味《いみ》です。ですから、「うらなひ」とは、神様《かみさま》の御心《みこころ》を伺《うかが》うことであります。本居宣長《もとおりのりなが》は、「ふとまに卜相《うらな》ひて」について、「天《あま》つ神《かみ》であっても己《おのれ》の欲《ほっ》するままに自分勝手《じぶんかって》を行《おこ》なわず、常《つね》につつしみながら自《みずか》らの本性《ほんせい》に立《た》ち返《かえ》って、謙虚《けんきょ》に先祖《せんぞ》の神様《かみさま》の御教《みおし》えを受《う》け賜《たまわ》っている」と解《かい》釈《しゃく》しております。宣長《のりなが》は天《あま》つ神《かみ》を別天《ことあま》つ神《かみ》五柱《いつはしら》の神々《かみがみ》と述《の》べていますが、まさに天《あま》つ神《かみ》とは高天原《たかまのはら》の究極《きゅうきょく》の神々《かみがみ》です。

その究極《きゅうきょく》の神様《かみさま》でも先祖《せんぞ》の「いのち」から離《はな》れないように、初《はじ》めから存在《そんざい》している一貫《いっかん》の「いのち」に御心《みこころ》を合《あ》わせているのであります。このように天《あま》つ神《かみ》でも絶《ぜっ》対神《たいしん》ではなく、常《つね》に先祖《せんぞ》の神々《かみがみ》の神意《しんい》を伺《うかが》っているのです。これが日本人《にほんじん》の道義《どうぎ》・道徳《どうとく》の根源《こんげん》に位置《いち》する信仰《しんこう》であり、大嘗祭《だいじょうさい》（新嘗祭《にいなめさい》）を始《はじ》めとする祭《まつ》りの眼目《がんもく》なのであります。

既述《きじゅつ》のように『日本書紀《にほんしょき》』には、天照大御神《あまてらすおおみかみ》が天児屋命《あめのこやねのみこと》、布刀玉命《ふとだまのみこと》に対《たい》して与《あた》えた次《つぎ》の斎庭稲穂《ゆにわのいなほ》の神勅《しんちょく》が伝《つた》えられております。

吾《わ》が高天原《たかまのはら》に所御《きこしめ》す斎庭《ゆには》の穂《いなのほ》を以《もっ》て、亦《また》吾《わ》が児《みこ》に御《まか》せまつるべし。（『日本書《にほんしょ》紀《き》』岩波書店《いわなみしょてん》）

その意味《いみ》は、「高天原《たかまのはら》にある神様《かみさま》に捧《ささ》げる神聖《しんせい》な稲穂《いなほ》をわが子《みこ》に与《あた》えなさい」というものです。この伝承《でんしょう》によれば、稲《いね》とは、天照大御神《あまてらすおおみかみ》が高天原《たかまのはら》で稲作《いなさく》を行《おこな》っていたのを私《わたし》たち人間《にんげん》にお任《まか》せしたものなのであります。

また、『古事記《こじき》』には、先《さき》に述《の》べましたように「勝《かち》さびに天照大御神《あまてらすおおみかみ》の営田《つくだ》の畔《あ》を離《はな》ち、その溝《みぞ》を埋《う》め、またその大嘗聞《おおにへき》こしめす殿《との》に屎《くそ》まり散《ち》らしき」とあります。営田《つくだ》とは、天照大御神《あまてらすおおみかみ》が大嘗祭《だいじょうさい》（新嘗祭《にいなめさい》）を執《と》り行《おこな》う稲《いね》を作《つく》る神田《しんでん》のことです。

天照大御神《あまてらすおおみかみ》が稲作《いなさく》を行《おこな》われているのです。ですから、稲作《いなさく》（労働《ろうどう》）は神聖《しんせい》なことであり、神事《しんじ》（祓《はら》え）なのであります。日本人《にほんじん》の労働観《ろうどうかん》の本質《ほんしつ》もここにあります。欧米《おうべい》の労働《ろうどう》（レイバー）の背後《はいご》にあるのは、奴隷《どれい》のような過酷《かこく》な肉体労働《にくたいろうどう》です。極論《きょくろん》するならば、労働《ろうどう》は奴隷《どれい》がしてきたのです。

これに対《たい》してわが国《くに》において労働《ろうどう》は苦役《くえき》ではなく、神事《しんじ》（祓《はら》え）であり喜《よろこ》びなのです。一番大変《いちばんたいへん》な労働《ろうどう》が喜《よろこ》びであるということは、日常生活万般《にちじょうせいかつばんぱん》が喜《よろこ》びであるということです。無論《むろん》、働《はたら》くこと、開拓《かいたく》することは大変《たいへん》なことであったと思《おも》います。ですから、私《わたし》たちの力《ちから》だけでなく、神様《かみさま》と一緒《いっしょ》に行《おこな》ったのです。地元《じもと》の神社《じんじゃ》に祀《まつ》られている神様《かみさま》をみれば、その土地《とち》がどのような由来《ゆらい》を持《も》っているかが分《わ》かるのは、こういう理由《りゆう》からなのです。たとえば、武蔵国《むさしのくに》（関東地方《かんとうちほう》）には多数《たすう》の氷川神社《ひかわじんじゃ》が鎮座《ちんざ》し、須佐之男命《すさのおのみこと》、稲田姫命《いなだひめのみこと》、大己貴命《おおなむちのみこと》がお祀《まつ》りされていますが、これはこの地方《ちほう》の開拓《かいたく》には出雲族《いずもぞく》が深《ふか》くかかわっていることの証左《しょうさ》なのです。

このように稲《いね》は、天照大御神《あまてらすおおみかみ》より私《わたし》たちに与《あた》えられた「いのちのね」であるということが重要《じゅうよう》なのであります。

宮中《きゅうちゅう》における新嘗祭《にいなめさい》は、天皇陛下《てんのうへいか》が神嘉殿《しんかでん》（新嘗祭《にいなめさい》を行《おこな》う神殿《しんでん》）において、その年《とし》に収穫《しゅうかく》された新穀《しんこく》の初穂《はつほ》を天照大御神《あまてらすおおみかみ》はじめ八百万《やおよろず》の神々《かみがみ》にお供《そな》えになり、天《てん》皇陛下御親《のうへいかおんみずか》らも召《め》しあがる行事《ぎょうじ》で最《もっと》も古《ふる》くまた最《もっと》も大事《だいじ》にされてきた祭儀《さいぎ》です。共《きょう》食《しょく》することによって天皇陛下《てんのうへいか》と天照大御神《あまてらすおおみかみ》の御魂《みたま》、「いのち」が一《ひと》つになるのです。ご歴代《れきだい》の天皇陛下《てんのうへいか》は常《つね》に先祖《せんぞ》の神様《かみさま》に感謝《かんしゃ》し、その一貫《いっかん》の「いのち」と一《ひと》つになってわが国《くに》を治《おさ》めてきたのであります。

新嘗祭神嘉殿《にいなめさいしんかでん》の儀《ぎ》は、夜中《よなか》のご祭典《さいてん》でありまして、「夕《よい》の儀《ぎ》」（午後六時《ごごろくじ》から八《はち》時《じ》）と「暁《あかつき》（あけがた）の儀《ぎ》」（午後十一時《ごごじゅういちじ》から午前一時《ごぜんいちじ》）からなり、同様《どうよう》の儀式《ぎしき》が二回行《にかいおこな》われます。分《わ》かりやすく申《もう》し上《あ》げるならば、神々《かみがみ》に夕食《ゆうしょく》を差《さ》し上《あ》げ、お泊《とま》り頂《いただ》いた上《うえ》、また朝食《ちょうしょく》を差《さ》し上《あ》げるという神事《しんじ》です。

これが天皇陛下《てんのうへいか》ご即位後初《そくいごはじ》めて執《と》り行《おこな》う新嘗祭《にいなめさい》であります大嘗祭《だいじょうさい》（おおにえのまつり）では、新嘗祭《にいなめさい》とは異《こと》なり常設《じょうせつ》の神嘉殿《しんかでん》ではなく、悠紀殿《ゆきでん》・主基殿《すきでん》という特《とく》別《べつ》の大嘗宮《だいじょうきゅう》が建《た》てられ、祭儀《さいぎ》が執《と》り行《おこな》われます。

また大嘗祭《だいじょうさい》では、これも新嘗祭《にいなめさい》とは異《こと》なり特別《とくべつ》の斎田《さいでん》として悠紀田《ゆきでん》（東日本代《ひがしにほんだい》表《ひょう》・この度《たび》は栃木県《とちぎけん》）、主基田《すきでん》（西日本代表《にしにほんだいひょう》・この度《たび》は京都府《きょうとふ》）を定《さだ》め、そこで収《しゅう》穫《かく》された新穀《しんこく》を悠紀殿《ゆきでん》と主基殿《すきでん》の大嘗宮《だいじょうきゅう》での神事《しんじ》に供《そな》えられます。天皇陛下《てんのうへいか》御親《おんみずか》ら斎戒《さいかい》（心身《しんしん》を清《きよ》めること）に斎戒《さいかい》を重《かさ》ねた上《うえ》、新穀《しんこく》を天照大御神《あまてらすおおみかみ》始《はじ》め天神地祇《てんじんちぎ》に献《けん》じ、天皇陛下御親《てんのうへいかおんみずか》らも食《しょく》する天皇陛下《てんのうへいか》一代《いちだい》に一度《いちど》の大祭祀《だいさいし》であります。

天皇陛下《てんのうへいか》は、お告文《つげぶみ》（祭事《さいじ》で天皇陛下《てんのうへいか》が天照大御神《あまてらすおおみかみ》に申《もう》し上《あ》げるお言葉《ことば》）を奏《そう》上《じょう》されます。その内容《ないよう》は、五穀《ごこく》の豊穣《ほうじょう》を神々《かみがみ》に感謝《かんしゃ》され、国家《こっか》の繁栄《はんえい》と国民《こくみん》の幸福《こうふく》のご祈願《きがん》です。天皇陛下《てんのうへいか》の個人的《こじんてき》な祈《いの》りは全《まった》くないのであります。

天皇陛下《てんのうへいか》は、ご先祖《せんぞ》のご神霊《しんれい》が今《いま》ここに居《お》られることをご確信《かくしん》してご祈願《きがん》されるのであります。これが霊魂不滅《れいこんふめつ》の信仰《しんこう》です。私《わたし》たちの肉体《にくたい》はいずれ滅《ほろ》びます。しかし、その本体《ほんたい》の御魂《みたま》、「いのち」は決《けっ》して滅《ほろ》びることなく、永遠《えいえん》に生《い》き続《つづ》け子孫《しそん》の幸福《こうふく》を見守《みまも》っているのであります。繰《く》り返《かえ》し強調《きょうちょう》しますが、その証拠《しょうこ》は、全国《ぜんこく》の神《じん》社《じゃ》の存在《そんざい》です。神代《かみよ》の神々《かみがみ》が今《いま》、全国約八万《ぜんこくやくはちまん》の神社《じんじゃ》にご鎮座《ちんざ》されている事実《じじつ》が貴《とうと》いのです。

ご神霊《しんれい》は滅《ほろ》びないという絶対《ぜったい》の確信《かくしん》があるから、神社祭祀《じんじゃさいし》は執《と》り行《おこな》われているのであります。これが神社神道《じんじゃしんとう》の根本《こんぽん》にあるものです。この確信《かくしん》がなければ、すべては子供《こども》の「ままごとあそび」と同《おな》じになってしまいます。

天皇陛下《てんのうへいか》は、そのご確信《かくしん》の上《うえ》に立《た》って、天照大御神《あまてらすおおみかみ》が皇孫邇邇芸命《こうそんににぎのみこと》に授《さず》けられ、それを歴代天皇《れきだいてんのう》が継承《けいしょう》して来《こ》られた御使命《ごしめい》の達成《たっせい》、すなわち、それは天皇陛下《てんのうへいか》ご自《じ》身《しん》の玉体《ぎょくたい》（御身体《おんからだ》）に代《か》えても国《くに》の平和《へいわ》と国民《こくみん》の幸福《こうふく》を守《まも》られることをご祈願《きがん》されるのであります。

天孫降臨《てんそんこうりん》の際《さい》、天照大御神《あまてらすおおみかみ》より天孫《てんそん》（皇孫《こうそん》）邇邇芸命《ににぎのみこと》に下《くだ》された「天壌無窮《てんじょうむきゅう》の神勅《しんちょく》」には、

葦原《あしはら》の千五百秋《ちいほあき》の瑞穂《みつほ》の國《くに》は、是《これ》、吾《わ》が子孫《うみのこ》の王《きみ》たるべき地《くに》なり。爾皇孫《いましすめみま》、就《い》

でまして治《しら》せ。行矣《さきくませ》。寶祚《あまつひつぎ》の隆《さか》えまさむこと、當《まさ》に天壌《あめつち》と窮《きはま》り無《な》けむ（『日本《にほん》書紀《しょき》』）

とあります。この神勅《しんちょく》は、わが国《くに》のよって立《た》つべき万古不易《ばんこふえき》の命題《めいだい》です。歴代《れきだい》の天《てん》皇陛下《のうへいか》は、この神勅《しんちょく》の実現《じつげん》のために御力《おんちから》を与《あた》えてください、とご祈願《きがん》し続《つづ》けて来《こ》られているのであります。

何《なに》よりここで重要《じゅうよう》なことは、「寶祚《あまつひつぎ》」の解釈《かいしゃく》です。一般的《いっぱんてき》には、天照大御神《あまてらすおおみかみ》のご子孫《しそん》でありますす天皇陛下《てんのうへいか》の御地位《おんちい》が、天地《てんち》のある限《かぎ》り永久《えいきゅう》に続《つづ》く意《い》と理解《りかい》されています。

しかし、そうではないと思《おも》います。これは天皇陛下《てんのうへいか》個人《こじん》の「いのち」に基《もと》づく御《おん》地位《ちい》のことでなく、天照大御神《あまてらすおおみかみ》の「いのち」と一《ひと》つになって、わが国《くに》を統治《とうち》するという日本国家《にほんこっか》の本質《ほんしつ》、特質《とくしつ》が永遠《えいえん》に守《まも》られると捉《とら》えるべきと考《かんが》えられます（『崎《き》門三先生《もんさんせんせい》の學問《がくもん》』参照《さんしょう》）

より分《わ》かりやすく申《もう》し上《あ》げるならば、「たとえわが身《み》を犠牲《ぎせい》にしたとしても国《こっ》家《か》・国民《こくみん》を守《まも》るんだぞ！」という天照大御神《あまてらすおおみかみ》からのご下命《かめい》なのであります。

このことは天皇陛下《てんのうへいか》のご使命《しめい》と同時《どうじ》に、私《わたし》たちも同《おな》じ使命《しめい》を帯《お》びているのでありますます。なぜなら君臣《くんしん》（天皇陛下《てんのうへいか》と国民《こくみん》）は親子《おやこ》の関係《かんけい》にあり、一体《いったい》であるからです。天照大御神《あまてらすおおみかみ》は天皇陛下《てんのうへいか》とともに私《わたし》たちの先祖《せんぞ》でもあり、私《わたし》たちの本質《ほんしつ》も天照大御《あまてらすおおみ》神《かみ》だからです。

そのご使命《しめい》の達成《たっせい》のために御力《おんちから》を与《あた》えてくださいとご祈願《きがん》し続《つづ》けて来《こ》られたのが、歴代《れきだい》の天皇陛下《てんのうへいか》であります。この天皇陛下《てんのうへいか》のご祈願《きがん》のうちに天照大御神《あまてらすおおみかみ》を拝《はい》し奉《たてまつ》るのであります。

その天照大御神《あまてらすおおみかみ》もまた、先祖《せんぞ》の天《あま》つ神《かみ》に同《おな》じ祈《いの》りをされているのです。そのまた天《あま》つ神《かみ》も同様《どうよう》の祈《いの》りを先祖《せんぞ》の神様《かみさま》にされているのです。天《あま》つ神《かみ》であっても絶対神《ぜったいしん》ではないのです。記紀《きき》の記述通《きじゅつどお》り、天地《てんち》（物実《ものざね》）が初《はじ》めからあるからです。

この一貫《いっかん》の「いのち」を神代《かみよ》よりお守《まも》りして来《こ》られたのが、歴代《れきだい》の天皇陛下《てんのうへいか》なのです。すなわち、天皇陛下《てんのうへいか》の御祈《おんいの》りに天照大御神《あまてらすおおみかみ》は永遠《えいえん》に生《い》き続《つづ》けておられるのであります。

しかし、このことは客観的《きゃっかんてき》に書物《しょもつ》の上《うえ》で知《し》ることではなく、自分自身《じぶんじしん》の本質《ほんしつ》も同《おな》じでありますから、私《わたし》たち自身《じしん》が、本来《ほんらい》の心《こころ》から離《はな》れた異心《ことごころ》を祓《はら》って、祓《はら》って自《みずか》らの本体《ほんたい》と一《ひと》つになることが極《きわ》めて重要《じゅうよう》であります。体認《たいにん》、体得《たいとく》の世界《せかい》なのです。

歴代天皇陛下《れきだいてんのうへいか》のご祈願《きがん》とは、いかなるものであるかについては、すでに近藤啓吾《こんどうけいご》先生《せんせい》の高著《こうちょ》『崎門三先生《きもんさんせんせい》の學問《がくもん》』に明《あき》らかに示《しめ》されております。詳細《しょうさい》につきましては、その高著《こうちょ》を読《よ》んでいただきたいと思《おも》いますが、今《いま》はその中《なか》より、歴代天皇陛下《れきだいてんのうへいか》の御祈《おんいの》りの事実《じじつ》につきまして少《すこ》しご紹介《しょうかい》いたします。

まず後鳥羽上皇《ごとばじょうこう》（第八十二代《だいはちじゅうにだい》後鳥羽天皇《ごとばてんのう》）が、御子《みこ》（第八十四代《だいはちじゅうよんだい》）順徳天皇《じゅんとくてんのう》に語《かた》られた大嘗祭《だいじょうさい》の本義《ほんぎ》についての御諭《おさと》しを拝見《はいけん》いたします。

公家《こうか》（クゲとも訓《よ》む、天皇陛下《てんのうへいか》のことを申《もう》し上《あ》げる）、悠紀《ゆき》・主基《すき》の神殿《しんでん》に於《お》いて祈請《きせい》せらる可《べ》き申《もう》し詞《ことば》、一昨日廿三日《いっさくじつにじゅうさんにち》、これを教《おし》へ申《もう》す。此《こ》の事《こと》、最《もっと》も秘蔵《ひぞう》の事《こと》なり。代々《だいだい》この事諸家《ことしょか》の記《き》に載《の》せず。また知《し》る人無《ひとな》しや。殊《こと》に秘蔵《ひぞう》の事《こと》なり。その詞《ことば》に云《い》う。

伊勢《いせ》の五十鈴《いすず》の河上《かわかみ》に坐《いま》す天照大神《あまてらすおおかみ》、又天神地祇諸神《またてんじんちぎもろがみ》に白《もう》さく。朕《あれ》、皇神《すめがみ》の広《ひろ》き護《まも》りに因《よ》りて、国《くに》の中平《うちたい》らかに安《やす》らけく、年《とし》の穀《たなつもの》豊《ゆた》かに稔《みの》り、上下《じょうげ》を覆《おお》ひ燾《おお》ひて、諸《もろもろ》の民《たみ》を救《すく》ひ済《すく》はむ。仍《よ》りて今年《ことし》新《あら》たに得《え》たる所《ところ》の新飯《にいいい》を供《そな》へ奉《たてまつ》ることかくの如《ごと》し（後略《こうりゃく》）。（『増補史料大成《ぞうほしりょうたいせい》』第一巻歴代宸記《だいいちかんれきだいしんき》）。

これによれば、大嘗祭《だいじょうさい》（新嘗祭《にいなめさい》）のご祈願《きがん》の眼目《がんもく》が、「国《くに》の中平《うちたい》らかに安《やす》らけく、年《とし》の穀《たなつもの》豊《ゆた》かに稔《みの》り、上下《じょうげ》を覆《おお》ひ燾《おお》ひて、諸《もろもろ》の民《たみ》を救《すく》ひ済《すく》はむ」ということであったことが明瞭《めいりょう》に知《し》られるのであります。天皇陛下《てんのうへいか》ご自身《じしん》に関《かん》する個人的《こじんてき》な祈《いの》りは全《まった》くなく、国《くに》の平安《へいあん》と国民《こくみん》の幸福《こうふく》だけを祈《いの》られているのであります。まさに天照大御神《あまてらすおおみかみ》そのものの祈《いの》り、大宇宙本源《だいうちゅうほんげん》の祈《いの》りなのです。

先《さき》に述《の》べましたように、そもそも大嘗祭《だいじょうさい》とは、天皇陛下《てんのうへいか》がご即位後《そくいご》、初《はじ》めて行《おこな》われる新嘗祭《にいなめさい》であります。その年《とし》の新穀《しんこく》を以《も》って、天皇陛下御親《てんのうへいかおんみずか》ら天照大御神及《あまてらすおおみかみおよ》び天神地祇《てんじんちぎ》（八百万《やおよろず》の神々《かみがみ》）を祀《まつ》られる天皇陛下御一代《てんのうへいかごいちだい》の最大《さいだい》の大祭《たいさい》でありますから、その大祭《たいさい》において天皇陛下《てんのうへいか》の神々《かみがみ》にご祈願《きがん》されるところの眼目《がんもく》が「国《くに》の平安《へいあん》と国民《こくみん》の幸福《こうふく》」であるということは、天皇陛下《てんのうへいか》の天皇陛下《てんのうへいか》たるご責務《せきむ》が何《なん》であるかを最《もっと》も明白《めいはく》に示《しめ》していることに外《ほか》ならないのであります。

そのご責務《せきむ》とは既述《きじゅつ》の天壌無窮《てんじょうむきゅう》の神勅《しんちょく》に明示《めいじ》されているように、天照大御神《あまてらすおおみかみ》より皇孫邇邇芸命《こうそんににぎのみこと》と同時《どうじ》に、ご歴代《れきだい》の天皇陛下《てんのうへいか》に授《さず》けられたご使命《しめい》の達成《たっせい》なのであります。つまり、「寶祚《あまつひつぎ》」（天《あま》つ日嗣《ひつぎ》）を命《いのち》がけで守《まも》ることです。ですから大嘗祭《だいじょうさい》（新嘗祭《にいなめさい》）とは、「天壌無窮《てんじょうむきゅう》の神勅《しんちょく》」のご下命《かめい》に対《たい》する奉答《ほうとう》であることが明《あき》らかに知《し》られるのであります。

天皇陛下《てんのうへいか》はこのご使命実現《しめいじつげん》のために日々《ひび》、ご努力《どりょく》されているのです。すなわち、天照大御神《あまてらすおおみかみ》の「いのち」と一《ひと》つになって、わが国《くに》の平和《へいわ》と国民《こくみん》の幸《しあわ》せを守《まも》るということ、わが国《くに》を治《おさ》めるということであります。

次《つぎ》に拝《はい》しますのは、『花園天皇宸記《はなぞのてんのうしんき》』に見《み》える第九十五代《だいきゅうじゅうごだい》花園天皇《はなぞのてんのう》のご祈願《きがん》であります。正和二年《しょうわにねん》(一三一三)は大風《おおかぜ》・大雨《おおあめ》・雷鳴等烈《らいめいとうはげ》しく、特《とく》に六月《ろくがつ》には雨降《あめふ》り続《つづ》いて河水溢《かすいあふ》れ、多《おお》くの人々《ひとびと》が流死《りゅうし》したのであります。

このことをお聞《き》きになられた天皇陛下《てんのうへいか》は、内侍所《ないしどころ》(宮中《きゅうちゅう》の温明殿《うんめいでん》の別名《べつめい》。天照大御神《あまてらすおおみかみ》の御霊代《みたましろ》の神鏡《しんきょう》を奉安《ほうあん》し、内侍《ないし》がこれを守護《しゅご》してからの名称《めいしょう》です。現在《げんざい》の賢所《かしこどころ》です)に、もし国民《こくみん》の「いのち」に代《かわ》ることができるならば、わが命《いのち》を召《め》し上《あ》げてくださいと祈《いの》られているのであります。繰《く》り返《かえ》しますが、「寶祚《あまつひつぎ》」の祈《いの》りなのです。

「仮令《もし》、民《たみ》に代《かわ》らば我《わ》が命《いのち》棄《す》つべし」(『増補史料大成《ぞうほしりょうたいせい》』第二巻《だいにかん》花園天皇宸記《はなぞのてんのうしんき》)。

そしてそのご決意《けつい》に神様《かみさま》も感《かん》じられたのか、やがて雨脚《あまあし》が弱《よわ》まり、夕陽《ゆうひ》を見《み》ることができたと、六月三日《ろくがつみっか》の御日記《おんにっき》に記載《きさい》されています。この年《とし》、花園天皇《はなぞのてんのう》の御年《おんとし》は十八歳《じゅうはちさい》であらせられたのであります。

さらに昭和天皇《しょうわてんのう》の御製《ぎょせい》を拝《はい》したいと思《おも》います。

山《やま》やまの　色《いろ》はあらたに　みゆれども

我《わ》がまつりごと　いかにかあるらむ。（『昭和天皇《しょうわてんのう》の御製《ぎょせい》』）

昭和三年《しょうわさんねん》の新春《しんしゅん》を迎《むか》えられての御思《おんおも》いです。御年二十八歳《おんとしにじゅうはちさい》。践祚《せんそ》の後《あと》、初《はじ》めての「歌会始《うたかいはじめ》」の御詠《ぎょえい》です。山々《やまやま》は新緑《しんりょく》に映《は》えて美《うつく》しく見《み》えるが、国《くに》を治《おさ》める天皇《てんのう》としての政治《せいじ》はいかがであろうか、これでよいのであろうかという厳《きび》しいご反省《はんせい》の御製《ぎょせい》であります。

また、昭和六年《しょうわろくねん》、御年三十一歳《おんとしさんじゅういちさい》には、

ふる雪《ゆき》に　こころきよめて　安《やす》らけき

世《よ》をこそいのれ　神《かみ》のひろまへ。（同書《どうしょ》）

という御製《ぎょせい》を詠《よ》まれておられます。雪降《ゆきふ》る清浄《しょうじょう》の神域《しんいき》、神前《しんぜん》に祈《いの》られるのは、ひとえに世《よ》の安泰《あんたい》であります。

昭和八年《しょうわはちねん》、御年三十三歳《おんとしさんじゅうさんさい》には、

天地《あめつち》の　神《かみ》にぞいのる　朝《あさ》なぎの
海《うみ》のごとくに　波《なみ》たたぬ世《よ》を。（同書《どうしょ》）

という御製《ぎょせい》。前年《ぜんねん》の昭和七年《しょうわしちねん》には、上海事変《しゃんはいじへん》、五《ご》・一五事件等《てんいちごじけんとう》が起《お》こり、不穏《ふおん》な世《よ》の中《なか》に対《たい》する天皇陛下《てんのうへいか》のご憂慮《ゆうりょ》があらわれていると拝《はい》されます。

昭和十三年《しょうわじゅうさんねん》、御年三十八歳《おんとしさんじゅうはちさい》には、

静《しず》かなる　神《かみ》のみそのの　朝《あさ》ぼらけ
世《よ》のありさまも　かかれとぞおもふ。(同書《どうしょ》)

という御製《ぎょせい》を詠《よ》まれておられます。「朝《あさ》ぼらけ」とは夜《よ》明《あ》けの意味《いみ》です。前年《ぜんねん》の昭《しょう》和《わ》十二年《じゅうにねん》には支那事変《しなじへん》が起《お》こっております。

昭和四十五年《しょうわよんじゅうごねん》、七十歳《ななじゅっさい》の古稀《こき》の御喜《おんよろこ》びを迎《むか》えられた時《とき》にも、

ななそぢを　迎《むか》へたりける　この朝《あさ》も
祈《いの》るはただに　国《くに》のたひらぎ。(同書《どうしょ》)

「たひらぎ」とは平和《へいわ》のことです。天皇陛下《てんのうへいか》ご自身《じしん》のことは何《なに》も祈《いの》られず、ただひたすら国《くに》の平和《へいわ》を天照大御神《あまてらすおおみかみ》にご祈願《きがん》なさっているのであります。私的《してき》な祈《いの》りは全《まった》くないのです。

そして昭和《しょうわ》五十年《ごじゅうねん》、御年《おんとし》七十五歳《ななじゅうごさい》には、

わが庭《にわ》の　宮居《みやい》に祭《まつ》る　神々《かみがみ》に
世《よ》の平《たい》らぎを　いのる朝々《あさあさ》（同書《どうしょ》）。

「宮居《みやい》」とは、皇居《こうきょ》のことです。毎朝《まいあさ》「世《よ》の平《たい》らぎ」。つまり、ひたすら世界平和《せかいへいわ》を祈《いの》られる天皇陛下《てんのうへいか》の大御心《おおみこころ》に、私《わたし》たちは日々《ひび》包《つつ》まれて生《い》きているのであります。

さらに昭和六十年《しょうわろくじゅうねん》、御年八十五歳《おんとしはちじゅうごさい》には、

遠《とお》つおやの　しろしめしたる　大和路《やまとじ》の
歴史《れきし》をしのび　けふも旅《たび》ゆく（同書《どうしょ》）。

と詠《えい》じられておられます。「しろしめしたる」とは、ご先祖《せんぞ》の御心《みこころ》をそのままご自《じ》身《しん》の御心《みこころ》として国《くに》をお治《おさ》めになることです。「けふも」とは、「今日《きょう》も」という意味《いみ》です。初代神武天皇《しょだいじんむてんのう》以来《いらい》、ご先祖《せんぞ》の天皇陛下《てんのうへいか》がお治《おさ》めになった大和地方《やまとちほう》を旅《たび》されつつ、その歴史《れきし》をしのばれる大御心《おおみこころ》が、「けふも旅《たび》ゆく」という最後《さいご》の句《く》に深《ふか》く拝《はい》されるのであります。

以上《いじょう》のように昭和天皇陛下《しょうわてんのうへいか》のご生涯《しょうがい》は、始終《しじゅう》、天照大御神《あまてらすおおみかみ》始《はじ》めご歴代天皇陛下《れきだいてんのうへいか》の御心《みこころ》のままに、国《くに》の平和《へいわ》と国民《こくみん》の幸福《こうふく》のみを祈《いの》り続《つづ》けてこられたのであります。つまり、「寶祚《あまつひつぎ》」のご責務《せきむ》を守《まも》ってこられたのです。

しかしながら、この昭和天皇陛下《しょうわてんのうへいか》のご祈願《きがん》は、ひとり昭和天皇陛下《しょうわてんのうへいか》だけのご祈願《きがん》ではありません。ご歴代《れきだい》の天皇陛下《てんのうへいか》一貫《いっかん》のご祈願《きがん》なのであります。明治天皇陛下《めいじてんのうへいか》も「罪《つみ》あらば　我《われ》をとがめよ　天《あま》つ神《かみ》　民《たみ》は我《わ》が身《み》の　生《う》みし子《こ》なれば」との御製《ぎょせい》を詠《よ》まれています。まさに天皇陛下《てんのうへいか》のご祈願《きがん》、御祈《おんいの》りの中《なか》に私《わたし》たちは含《ふく》まれているのであります。天皇陛下《てんのうへいか》のご祈願《きがん》は、大宇宙《だいうちゅう》の本源《ほんげん》にある天照大御神《あまてらすおおみかみ》の祈《いの》りそのものなのです。

君臣《くんしん》（天皇陛下《てんのうへいか》と国民《こくみん》）は一如《いちにょ》。親《おや》と子《こ》の関係《かんけい》です。このご歴代天皇陛下《れきだいてんのうへいか》のご祈願《きがん》は、わが国《くに》の皇室《こうしつ》を一貫《いっかん》して来《こ》られた皇室《こうしつ》のご祈願《きがん》であって、ここにわが国《くに》の皇室《こうしつ》の皇室《こうしつ》たる所以《ゆえん》が存《そん》するのであります。

先《さき》ほど述《の》べましたように、天皇陛下《てんのうへいか》の御祈《おんいの》りの本質《ほんしつ》とは、天皇陛下《てんのうへいか》の御心《みこころ》のうちにご先祖《せんぞ》の天皇陛下《てんのうへいか》のご神霊《しんれい》は永遠《えいえん》に生《い》きておられるという確信《かくしん》そのものにあるのであります。

それ故《ゆえ》に天皇陛下《てんのうへいか》は、そのご先祖《せんぞ》のご神霊《しんれい》に心《こころ》から、時《とき》にはご自身《じしん》のお身体《からだ》に代《か》えられても、国《くに》の平和《へいわ》と国民《こくみん》の幸福《こうふく》のために力《ちから》を与《あた》えてくださいと祈願《きがん》されておられるのです。天皇陛下《てんのうへいか》はご先祖《せんぞ》の御心《みこころ》をそのままにご自身《じしん》の御心《みこころ》として、ご先祖《せんぞ》の神々《かみがみ》に祈《いの》っておられるのであります。

この天皇陛下《てんのうへいか》の御祈《おんいの》りの御姿《おすがた》そのものが天照大御神《あまてらすおおみかみ》そのものなのであります。冒頭《ぼうとう》、申《もう》し上《あ》げましたように、天照大御神《あまてらすおおみかみ》は大御神《おおみかみ》でありながら新嘗祭《にいなめさい》を行《おこな》われているのであります。絶対神《ぜったいしん》ではないのです。新穀《しんこく》を以《も》って天《あま》つ神《かみ》を神《かん》ながらに祭《まつ》られているのであります。つまり、天皇陛下《てんのうへいか》の御祈《おんいの》りの御姿《おすがた》に、私《わたし》たちは天照大《あまてらすおお》御神《みかみ》を感得申《かんとくもう》し上《あ》げるのであります。

すなわち天照大御神《あまてらすおおみかみ》は、天皇陛下《てんのうへいか》の御祈《おんいの》りのうちに生《い》き続《つづ》けておられるのでありますその御祈《おんいの》りの御姿《おすがた》は、私《わたし》たち日本人《にほんじん》の姿《すがた》の最《もっと》も純粋《じゅんすい》なる原型《げんけい》なのでありますそして、私《わたし》たちもまた、先祖《せんぞ》の私《わたし》たちの幸《しあわ》せを思《おも》って努力《どりょく》された心《こころ》に感謝《かんしゃ》し、先祖《せんぞ》に感謝《かんしゃ》の祈《いの》りを続《つづ》けるところ、私《わたし》たちの先祖《せんぞ》は、私《わたし》たちとともに生《い》き続《つづ》けられるのであります。これがわが国《くに》の祭《まつ》りの眼目《がんもく》です。

祭《まつ》りとは、先祖《せんぞ》の「いのち」と私《わたし》たちの「いのち」が一体《いったい》となり一貫《いっかん》の存在《そんざい》であることを体認《たいにん》する儀礼《ぎれい》であります。ですから、大嘗祭《だいじょうさい》（新嘗祭《にいなめさい》）は重大《じゅうだい》なのです。

繰《く》り返《かえ》して述《の》べるならば、天皇陛下《てんのうへいか》は天照大御神《あまてらすおおみかみ》を始《はじ》めご先祖《せんぞ》のご神霊《しんれい》にご祈《き》願《がん》の誠《まこと》を尽《つ》くし、天照大御神《あまてらすおおみかみ》からご委任《いにん》された責務《せきむ》の実現《じつげん》に努《つと》められるところ、天照大御神《あまてらすおおみかみ》は今《いま》ここに、居《お》られるのであります。

同時《どうじ》に私《わたし》たち国民《こくみん》も、私《わたし》たちの先祖《せんぞ》に感謝《かんしゃ》し、その先祖《せんぞ》を祭《まつ》るところ、そこに先《せん》祖《ぞ》は私《わたし》たちと一体《いったい》となって居《お》られるのであります。そして、この神代《かみよ》からの一貫《いっかん》の「いのち」をかつて中断《ちゅうだん》することなく、君臣《くんしん》（天皇陛下《てんのうへいか》と国民《こくみん》）が一如《いちにょ》となって命《いのち》がけで守《まも》ってきたのが、わが国《くに》の特色《とくしょく》、特質《とくしつ》なのであります。

そのことによって、私《わたし》たちは現世《げんせ》において肉体《にくたい》の死《し》はあるも、自分自身《じぶんじしん》の神霊《しんれい》（「いのち」）は滅《ほろ》ぶことなく、その子孫《しそん》とともにいますことを確信《かくしん》するものであります。その証拠《しょうこ》は全国約八万《ぜんこくやくはちまん》の神社《じんじゃ》の存在《そんざい》です。神社《じんじゃ》には神代《かみよ》の神々《かみがみ》が今《いま》もご鎮座《ちんざ》され、私《わたし》たちを見守《みまも》り続《つづ》けているのであります。

皇室《こうしつ》のご祈願《きがん》は私《わたし》たち国民《こくみん》の祈《いの》りの根本《こんぽん》であり、原型《げんけい》であるとする所以《ゆえん》は、ひとえにここにあるのであります。そして、私《わたし》たちはこの皇室《こうしつ》を仰《あお》ぐことにより、自《みずか》らのこの国土《こくど》に先祖《せんぞ》以来《いらい》、「いのち」を得《え》て自分自身《じぶんじしん》がいまここにあることを知《し》るのであります。

以上《いじょう》、近藤啓吾先生《こんどうけいごせんせい》の高著《こうちょ》『崎門三先生《きもんさんせんせい》の學問《がくもん》』を参照《さんしょう》しながら、天皇陛下《てんのうへいか》のご祈願《きがん》の内容《ないよう》につきまして考《かんが》えてまいりました。

そして、お告文《つげぶみ》（ご祈願《きがん》）が終《お》わりますと新嘗祭《にいなめさい》では、神々《かみがみ》にお供《そな》えしたものとまったく同《おな》じ米《こめ》のご飯《はん》、粟《あわ》のご飯《はん》、白酒《しろき》（神田《しんでん》からとれた米《こめ》で醸造《じょうぞう》した原酒《げんしゅ》をそのまま濾《ろ》してつくる白色《しろいろ》の酒《さけ》）、黒酒《くろき》（白酒《しろき》に焼灰《やきはい》を加《くわ》えた灰白《かいはく》の酒《さけ》）などを天皇陛《てんのうへい》下御親《かおんみずか》らも天照大御神《あまてらすおおみかみ》と向《む》かい合《あ》って召《め》しあがるのであります。いわゆる「御直《おんなお》会《らい》の儀《ぎ》」です。なお大嘗祭《だいじょうさい》の神饌《しんせん》では、この他《ほか》に海産物《かいさんぶつ》を調理《ちょうり》した鮮物《なまもの》、干物《ひもの》、汁漬《しるひじ》、羹《あつもの》。また柿《かき》、栗《くり》などの果物《くだもの》もお供《そな》えいたします。

神祭《かみまつ》りの中《なか》で特《とく》に大切《たいせつ》なことは、神様《かみさま》に御饌神酒《みけみき》（神饌《しんせん》）をお供《そな》えすることです。直会《なおらい》とは、その御饌神酒《みけみき》を祭典終了《さいてんしゅうりょう》後《ご》、下《さ》げて戴《いただ》くことですが、そのことは同《おな》じ火《ひ》で料理《りょうり》したものを神様《かみさま》にお供《そな》えし、私《わたし》たちもそれを食《た》べることにより、私《わたし》たちの「いのち」が神様《かみさま》の「いのち」につながることを意味《いみ》します。

すなわち、火《ひ》を同《おな》じくすることは食《しょく》を同《おな》じくすることであり、食《しょく》を同《おな》じくすることは「いのち」を同《おな》じくすることであるという信仰《しんこう》がその本源《ほんげん》にあるのです。つまり、火《ひ》は日《ひ》に通《つう》じ、日《ひ》は霊《れい》であるから、火《ひ》は「みたま」であり「いのち」であるという意味《いみ》に解《かい》されるのであります。

『古事記《こじき》』の黄泉《よみ》の国《くに》の段《だん》によれば、伊邪那美命《いざなみのみこと》が黄泉《よみ》の国《くに》の食《た》べ物《もの》を食《た》べたために、帰《かえ》りたくても帰《かえ》れなくなってしまったのです。いわゆる黄泉戸喫《よもつへぐい》です。黄泉《よみ》の国《くに》で煮炊《にた》きしたものを食《た》べると黄泉《よみ》の国《くに》の人《ひと》になってしまうという信仰《しんこう》があったことが窺《うかが》えます。火《ひ》と食《しょく》を同《おな》じくすることは、「いのち」を同《おな》じくすることなのです。直会《なおらい》は祭典《さいてん》を構成《こうせい》する一《ひと》つの行事《ぎょうじ》、神事《しんじ》なのです。

とりわけ、大嘗祭《だいじょうさい》（新嘗祭《にいなめさい》）における眼目《がんもく》は、天皇陛下《てんのうへいか》が斎戒《さいかい》（潔斎《けっさい》）に斎戒《さいかい》を重《かさ》ねた上《うえ》、天照大御神《あまてらすおおみかみ》に神饌《しんせん》を献《けん》じ、天皇陛下《てんのうへいか》御親《おんみずか》らもご一緒《いっしょ》に食《しょく》することにあります。共食《きょうしょく》（直会《なおらい》）することによって、天皇陛下《てんのうへいか》と天照大御神《あまてらすおおみかみ》の御魂《みたま》、「いのち」が一《ひと》つになるのです。そして天皇陛下《てんのうへいか》は、天照大御神《あまてらすおおみかみ》の御心《みこころ》と一《ひと》つになり、その御心《みこころ》で国家《こっか》の政治《せいじ》（まつりごと）を執《と》り行《おこな》われるのであります。

神様《かみさま》の「いのち」の籠《こも》った食《た》べ物《もの》を食《た》べると神様《かみさま》の「いのち」と一《ひと》つになるのです。ですから、神様《かみさま》の「いのち」をいただく日々《ひび》の食事《しょくじ》は、神聖《しんせい》なものであり、とても大事《だいじ》なことなのです。決《けっ》して好《い》い加減《かげん》な汚《けが》れた食事《しょくじ》をしてはならないのです。

伊勢《いせ》神道《しんとう》の影響《えいきょう》を受《う》けながら成立《せいりつ》した吉田《よしだ》神道《しんとう》では、鎌倉《かまくら》時代《じだい》から江戸《えど》時代《じだい》にかけて、天照《あまてらす》皇大神宮《こうたいじんぐう》、八幡大菩薩《はちまんだいぼさつ》、春日《かすが》大明神《だいみょうじん》の三社《さんじゃ》の教《おし》えを次《つぎ》のような「三社《さんじゃ》託宣《たくせん》」として示《しめ》し、多《おお》くの人々《ひとびと》に対《たい》して、正直《しょうじき》、清浄《せいじょう》、慈悲《じひ》など神道《しんとう》の重要《じゅうよう》な教《おし》えを説《と》きました。

八幡大菩薩《はちまんだいぼさつ》

①鐵丸《てつがん》を食《しょく》すと雖《いえど》も、心汚《こころけが》れたる人《ひと》の物《もの》を受《う》けず。

②銅焔《どうえん》に座《ざ》すと雖《いえど》も、心濁《こころにご》りたる人《ひと》の處《ところ》に到《いた》らず。

天照 皇大神宮《あまてらすこうたいじんぐう》

③謀計《ぼうけい》は眼前《がんぜん》の利潤《りじゅん》たりと雖《いえど》も、必《かなら》ず神明《しんめい》の罰《ばつ》に當《あた》る。

④正直《しょうじき》は一旦《いったん》の依怙《えこ》に非《あら》ずと雖《いえど》も、終《つい》には日月《じつげつ》の憐《あわれみ》を蒙《こうむ》る。

⑤千日《せんにち》の注連《しめ》を曳《ひ》くと雖《いえど》も、邪見《じゃけん》の家《いえ》には到《いた》らず。

春日大明神《かすがだいみょうじん》

⑥重服深厚《じゅうふくしんこう》たりと雖《いえど》も、慈悲《じひ》の室《しつ》に赴《おもむ》くべし。

その意味《いみ》は、以下《いか》の通《とお》りです。

①たとえ、食《た》べ物《もの》がなく鉄《てつ》の塊《かたまり》を食《た》べたとしても、心《こころ》の汚《けが》れた人《ひと》の食《たべ》べ物《もの》は決《けっ》して受《う》けるなよ。

②たとえ、下《した》で火《ひ》が盛《さか》んに燃《も》えている銅板《どうばん》の上《うえ》に座《すわ》ったとしても、心《こころ》の濁《にご》った人《ひと》の所《ところ》へは決《けっ》して行《い》くなよ。

③謀《はかりごと》をめぐらして人《ひと》を欺《あざむ》くことは、目前《もくぜん》の利益《りえき》になるかもしれないが、必《かなら》ず神《かみ》様《さま》の罰《ばつ》にあたるぞ。

④正《ただ》しき直《なお》き心《こころ》は、その場《ば》の頼《たの》みにならない場合《ばあい》もあるかもしれないが、最終《さいしゅう》的《てき》には神様《かみさま》の恵《めぐ》みをいただくぞ。

⑤たとえ、長《なが》い期間《きかん》に亙《わた》って神聖《しんせい》な生活《せいかつ》をしていて汚《けが》れていなくても、邪《よこしま》な家《いえ》には行《い》ってはいけない。

⑥たとえ、重《おも》い忌服《きぶく》であったとしても、死《し》の穢《けが》れを厭《いと》うことなく、哀《あわ》れみ慈《いつく》しみ深《ぶか》い家《いえ》には行《い》かなければならない。

とりわけ八幡大菩薩《はちまんだいぼさつ》の①は、食事《しょくじ》に関《かん》する教《おし》えです。根本《こんぽん》は自分自身《じぶんじしん》の心《こころ》を神様《かみさま》の御心《みこころ》に合《あ》わせることです。たとえば、目《め》の前《まえ》の水《みず》でも、単《たん》なる物質《ぶっしつ》としての水《みず》ではなく、水《みず》には水《みず》の神様《かみさま》であります彌都波能賣神《みつはのめのかみ》が宿《やど》っていると信《しん》じて頂《いただ》くならば、私《わたし》たちも神様《かみさま》の御心《みこころ》と一《ひと》つになります。事実《じじつ》そうなのです。物《もの》は単《たん》なる物《もの》ではありません。物《もの》には物《もの》を生《う》み給《たも》うた神様《かみさま》が宿《やど》っているのです。そのことを心《こころ》より信《しん》じてきたのが、私《わたし》たちの先祖《せんぞ》だったのであります。この大事《だいじ》に気《き》づくことが神道《しんとう》です。

祖先崇拝《そせんすうはい》の信仰《しんこう》

冒頭《ぼうとう》に触《ふ》れましたように、大嘗祭《だいじょうさい》（新嘗祭《にいなめさい》）を考《かんが》えることは、自分自身《じぶんじしん》の神霊《しんれい》

（心神《しんしん》）を考《かんが》えることに外《ほか》ならないのであります。自分《じぶん》の神霊《しんれい》に深《ふか》く思《おも》いを寄《よ》せ、先祖《せんぞ》の神々《かみがみ》の「いのち」と一《ひと》つになることが大嘗祭《だいじょうさい》（新嘗祭《にいなめさい》）の根本《こんぽん》です。すなわち、私《わたし》たち自身《じしん》の心《こころ》には、先祖《せんぞ》の神々《かみがみ》が宿《やど》っているのであります。父母《ふぼ》を通《とお》して神代《かみよ》の神々《かみがみ》に繋《つな》がっているのです。いま生《い》きている私《わたし》たちの心《こころ》のうちに、常《つね》に先祖《せんぞ》の神々《かみがみ》の「いのち」がそのまま生《い》き続《つづ》けて来《き》ている。換言《かんげん》するならば、私《わたし》たちは祖先《そせん》の神霊《しんれい》とともにあるという信仰《しんこう》です。

この本来《ほんらい》の日本人《にほんじん》の心《こころ》に気《き》づいた外国人《がいこくじん》の一人《ひとり》が、明治二十三年《めいじにじゅうさんねん》に来日《らいにち》したラフカディオ・ハーン（小泉八雲《こいずみやくも》）であります。

以下《いか》、引《ひ》き続《つづ》き近藤啓吾先生《こんどうけいごせんせい》の「祖先崇拝《そせんすうはい》の信仰《しんこう》」という玉稿《ぎょっこう》を参照《さんしょう》しながら述《の》べていきたいと思《おも》います。

明治時代《めいじじだい》の初《はじ》めにはパーシバル・ローエルなど多《おお》くの外国人《がいこくじん》も来日《らいにち》し、礼儀正《れいぎただ》しい、しかも心温《こころあたた》かい日本人《にほんじん》の国民性《こくみんせい》に感動《かんどう》しましたが、同時《どうじ》に自己主張《じこしゅちょう》をしない一《いち》面《めん》を見《み》て、自我《じが》が未発達《みはったつ》であると評《ひょう》したのであります。多《おお》くの外国人《がいこくじん》は近代個人主《きんだいこじんしゅ》義《ぎ》（自我《じが》の確立《かくりつ》）をもって人類《じんるい》の最《もっと》も進《すす》んだ思想《しそう》と考《かんが》えていたからであります。

それ故《ゆえ》に没個人《ぼつこじん》、自我《じが》の未発達《みはったつ》と言《い》われた日本人《にほんじん》の風俗習慣《ふうぞくしゅうかん》の奥《おく》に隠《かく》れている「こころ」のうちを察《さっ》することができなかったのです。しかし、ハーンは、多《おお》くの外国人《がいこくじん》が察《さっ》することのできなかった日本人《にほんじん》の「こころ」のうちに日本人以上《にほんじんいじょう》に深《ふか》く分《わ》け入《い》り、その真実《しんじつ》を理解《りかい》し、感動《かんどう》した人《ひと》であります。

ハーンは、いま生《い》きているこの日本人《にほんじん》の心《こころ》のうちに、常《つね》に古代《こだい》の「いのち」がそのまま生《い》き続《つづ》けて来《き》ているということ、言《い》い換《か》えれば、祖先《そせん》の霊《れい》とともにあることを感得《かんとく》した人《ひと》であります。ハーンは松江市《まつえし》に中学校英語《ちゅうがっこうえいご》教師《きょうし》として赴任《ふにん》いたしますが、その松江《まつえ》で小泉節子《こいずみせつこ》と結婚《けっこん》し、やがて妻方《つまかた》の姓《せい》を名乗《なの》って帰化《きか》し小泉八雲《こいずみやくも》となります。

その翌年《よくねん》（明治二十四年《めいじにじゅうよねん》）熊本第五高等学校《くまもとだいごこうとうがっこう》（現熊本大学《げんくまもとだいがく》）に転任《てんにん》となり、それより三年間熊本《さんねんかんくまもと》に住《す》んでいたのであります。その熊本《くまもと》にいた明治二十七年《めいじにじゅうななねん》、日清戦争《にっしんせんそう》（八月《はちがつ》）が始《はじ》まって間《ま》もないある日《ひ》、松江時代《まつえじだい》の教《おし》え子《ご》の小須賀浅吉《こすがあさきち》の突然《とつぜん》の訪問《ほうもん》を受《う》けたのであります。浅吉《あさきち》は軍服姿《ぐんぷくすがた》で、明朝《みょうちょう》、朝鮮《ちょうせん》へ出発《しゅっぱつ》する僅《わず》かの時《じ》間《かん》に恩師《おんし》の八雲《やくも》（ハーン）を訪《おとず》れたのです。

その時《とき》の恩師《おんし》・八雲《やくも》と浅吉《あさきち》との間《あいだ》にかわされた感動的《かんどうてき》な会話《かいわ》が、『東《ひがし》の国《くに》から・心《こころ》』（恒文社刊《こうぶんしゃかん》）の一章《いっしょう》「願望成就《がんぼうじょうじゅ》」に載《の》っておりますので、次《つぎ》に紹介《しょうかい》したいと思《おも》います。

浅吉《あさきち》は、私《わたし》たちは戦死《せんし》した後《あと》、何《なに》も後《あと》のことを心配《しんぱい》する必要《ひつよう》がない。それは後《あと》に残《のこ》った妻子《さいし》が死《し》んだ人《ひと》の供養《くよう》をしてくれるからでありますと述《の》べ、西洋《せいよう》にはこのような信念《しんねん》（信仰《しんこう》）はありますでしょうか、と八雲《やくも》に尋《たず》ねるのです。

これに対《たい》して八雲《やくも》は、

八雲《やくも》「ちかごろではないね。大昔《おおむかし》のギリシャ人《じん》やローマ人《じん》は、そういう信念《しんねん》をもっていたがね。むかしのギリシャ人《じん》やローマ人《じん》は、先祖《せんぞ》の御霊《みたま》というものは家《いえ》のなかに宿《やど》っておるものであって、供《そな》え物《もの》や供養《くよう》をうけて、家《いえ》の者《もの》を守《まも》っていてくれるものだと思《おも》っていた。どういうわけで、そんなふうに考《かんが》えていたかということは、多少《たしょう》われわれにもわかるけれども、むかしの人《ひと》が、どんな気持《きも》ちでそれを感《かん》じたかということになると、はっきりしたことは、われわれにもわからんね。つまり、自分《じぶん》の経験《けいけん》しないこと、あるいは、先祖《せんぞ》から伝承《でんしょう》しない感《かん》情《じょう》は、われわれはわからんのだから。それと、おなじりくつで、死者《ししゃ》に関《かん》する日本人《にほんじん》の正直《しょうじき》な気持《きもち》というものが、わたしにはわからない。」

浅吉《あさきち》「先生《せんせい》は、それでは、死《し》は万事《ばんじ》の終《おわ》りだとお考《かんが》えでありますか？」

八雲《やくも》「君《きみ》たち日本人《にほんじん》の、死者《ししゃ》についての感情《かんじょう》・思想《しそう》というもの、あるいはまた、死《し》んだものに対《たい》する生《い》きているものの義務《ぎむ》といったもの、これは、西洋《せいよう》のそれとは、ぜんぜん、違《ちが》っているのだよ。われわれ西洋人《せいようじん》にとっては、死《し》という概念《がいねん》は、完全《かんぜん》な別離《べつり》を意味《いみ》している。生《い》きているものから別《わか》れるばかりではない、この世《よ》からも別《わか》れてしまうことだ。」

浅吉《あさきち》「自分《じぶん》らは、死《し》というものを、完全《かんぜん》な別離《べつり》とは思《おも》っておらんのであります。死《し》んだものは、いまでも自分《じぶん》らといっしょにおると考《かんが》えております。そういう死《し》んだ人《ひと》たちに、自分《じぶん》らは、毎日話《まいにちはな》しかけております。」
八雲《やくも》「君《きみ》は、ほんとうに死《し》というものを、生《せい》とおなじように、また光《ひか》りとおなじように、考《かんが》えられるの？」
浅吉《あさきち》「はあ、考《かんが》えられます。自分《じぶん》らは、死《し》んでからも、家《いえ》の人《ひと》たちとはいっしょにいるものと考《かんが》えております。両親《りょうしん》にもあえるですし、友人《ゆうじん》にも会《あ》えるです。魂《こん》魄《ぱく》この世《よ》にとどまるのでありますからねえ。（中略《ちゅうりゃく》）自分《じぶん》らが死《し》んだもののあとを慕《した》うのは、妙《みょう》なことだとお考《かんが》えになりますか？」
八雲《やくも》「いや。そんなことはない。美《うつく》しいことだと思《おも》うよ。ただね、わたしなど、西《せい》洋《よう》の異人《いじん》のひとりとして考《かんが》えると、どうもその習慣《しゅうかん》は、現代《げんだい》のものではなくて、だいぶ大昔《おおむかし》の習慣《しゅうかん》みたいに思《おも》われるのだね。古代《こだい》ギリシャの死者《ししゃ》に対《たい》する考《かん》えというやつ、これはだいぶ現代《げんだい》の日本人《にほんじん》の考《かん》えに似《に》ていたにちがいないね。ペリクレス時代《じだい》のアテネの兵隊《へいたい》の考《かんが》えなんてものは、おそらく、明治時代《めいじじだい》のいまの君《きみ》などの考《かんが》えと同《おな》じだったんだろうな。君《きみ》は、まえに学校《がっこう》で、ギリシャ人《じん》が死者《ししゃ》にいけにえを供《そな》えたり、豪傑《ごうけつ》や愛国者《あいこくしゃ》の英霊《えいれい》に敬意《けいい》を払《はら》ったことなどを読《よ》んだことがあったっけねえ？」

浅吉《あさきち》「はあ。ギリシャ人《じん》の習慣《しゅうかん》のなかには、自分《じぶん》らのによく似《に》たのがあります。自《じ》分《ぶん》らのなかでも、シナと戦《たたか》って仆《たお》れるものは、やはり敬《うや》まわれます。みな、神《かみ》として崇《あが》められます。陛下《へいか》ですら、尊敬《そんけい》なされます。」（同書《どうしょ》）

八雲《やくも》は、小須賀浅吉《こすがあさきち》のこの話《はなし》を聞《き》きながら、彼《かれ》が彼個人《かれこじん》の気持《きも》ちに生《い》きているのでないことを痛感《つうかん》せざるを得《え》なかったのであります。近代個人主義《きんだいこじんしゅぎ》は、人《ひと》はそれぞれ一個《いっこ》の人格《じんかく》であるといって親《おや》と子《こ》、兄《あに》と弟《おとうと》、姉《あね》と妹《いもうと》、それぞれ独立《どくりつ》の人格《じんかく》であり、同等《どうとう》の人権《じんけん》を有《ゆう》して相対峙《あいたいじ》していると考《かんが》えます。

これに対《たい》してわが国《くに》の人間観《にんげんかん》は、小須賀浅吉《こすがあさきち》のように、私《わたし》たちの「いのち」は父《ふ》母《ぼ》の「いのち」と別個《べっこ》のものでなく、父母祖先《ふぼそせん》の「いのち」の延長《えんちょう》と見《み》るのであります。一貫《いっかん》の「いのち」の中《なか》に入《はい》っているのです。

一対一《いったいいち》の対立《たいりつ》の意識《いしき》はなく、永遠《えいえん》の「いのち」に自分《じぶん》の「いのち」が融《と》けて、自《じ》分《ぶん》のうちに父母《ふぼ》が居《い》ますと観《かん》じるのであります。これが大嘗祭《だいじょうさい》（新嘗祭《にいなめさい》）の眼目《がんもく》でもあります。それ故《ゆえ》に、占領軍《せんりょうぐん》（ＧＨＱ）はその一貫《いっかん》の「いのち」を断絶《だんぜつ》させるために、新嘗祭《にいなめさい》の名称《めいしょう》を勤労感謝《きんろうかんしゃ》の日《ひ》と変更《へんこう》させたのです。先《さき》ほどの「自分《じぶん》の経《けい》験《けん》しないこと、あるいは、先祖《せんぞ》から伝承《でんしょう》しない感情《かんじょう》は、われわれはわからんのだから」という八雲《やくも》の言葉《ことば》通《どお》り、祭《まつ》りが途中《とちゅう》で中断《ちゅうだん》すると、その精神《せいしん》は後世《こうせい》に伝《つた》わらなくなるからです。

翌朝《よくあさ》、浅吉《あさきち》は朝鮮《ちょうせん》に出征《しゅっせい》するのでありますが、何日《なんにち》かの後《のち》、八雲《やくも》は新聞《しんぶん》に発表《はっぴょう》された長《なが》い戦死者名簿《せんししゃめいぼ》のなかに、「小須賀浅吉《こすがあさきち》」の名《な》を発見《はっけん》したのであります。

そこで、浅吉《あさきち》が形見《かたみ》として残《のこ》していった写真《しゃしん》を掲《かか》げて、米《こめ》、果物《くだもの》、菓子《かし》など心《こころ》づくしの供《そな》え物《もの》をし、線香《せんこう》を焚《た》くのですが、その煙《けむり》のうちに、八雲《やくも》は浅吉《あさきち》がにっこりとほほ笑《え》んだようであったと感《かん》じるのであります。

八雲《やくも》は、日本人《にほんじん》が祖先《そせん》とともにあることに強《つよ》く心《こころ》をひかれながら、自分《じぶん》は近代《きんだい》の西洋人《せいようじん》の一人《ひとり》として、もはや古代《こだい》のギリシャ人《じん》やローマ人《じん》のように、祖先《そせん》とともにあるという信仰《しんこう》が自《みずか》らのうちにないことを、告白《こくはく》せざるを得《え》なかったのであります。

すなわち八雲《やくも》は、

かりに、われわれの死者《ししゃ》（先祖《せんぞ》）がわれわれの身辺《しんぺん》におり、われわれのすることをなんでも見《み》ており、われわれの考《かんが》えることをなんでも知《し》っており、われわれの口《くち》に言《い》うことばをなんでもきいており、われわれに同情《どうじょう》をよせてくれ、あるいは、われわれを怒《おこ》ったり、助《たす》けてくれたり、われわれから助《たす》けをうけるのを喜《よろこ》んだり、われわれを愛《あい》してくれたり、われわれに愛《あい》を求《もと》めたりするという絶対《ぜったい》の確信《かくしん》が、われわれの心《こころ》に突然起《とつぜんお》こるようなことがあったとしたら、おそらく、われわれの人生観《じんせいかん》や義務《ぎむ》の観念《かんねん》は、きっと大《おお》きな変化《へんか》を生《しょう》ずるにちがいない。そうなった暁《あかつき》には、われわれは過去《かこ》に対《たい》する責任《せきにん》というものを、非常《ひじょう》に厳《げん》粛《しゅく》に認識《にんしき》しなければならないだろう。

ところが、極東人《きょくとうじん》（日本人《にほんじん》）のばあいは、数千年《すうせんねん》にもわたる長《なが》い間《あいだ》の信念《しんねん》なのであって、かれらは毎日《まいにち》、死者《ししゃ》に物《もの》を言《い》いかけているし、なんとかして死者《ししゃ》にしあわせを与《あた》えようとつとめている。（同書《どうしょ》）

と述《の》べているのであります。今日《こんにち》、私《わたし》たちが忘《わす》れているのは、私《わたし》たちの先祖《せんぞ》が自分《じぶん》の身《み》のまわりに生《い》きているというこの信仰《しんこう》であります。ここが大事《だいじ》なところです。このように信《しん》じていたから、かつての日本人《にほんじん》は、肉体《にくたい》はたとえ亡《ほろ》んだとしても、その本体《ほんたい》である御魂《みたま》は死《し》ぬことなく永遠《えいえん》に生《い》き続《つづ》けて子孫《しそん》の幸福《こうふく》を見守《みまも》っていると信《しん》じていたのであります。

そして、やがて西欧《せいおう》の近代文明《きんだいぶんめい》が行《い》きづまりを示《しめ》す時《とき》にそれを救《すく》うものは、この日本人《にほんじん》の祖先《そせん》とともに生《い》きているという信仰《しんこう》である、と八雲《やくも》は述《の》べているのでありますます。この温《あたた》かい心《こころ》なのです。各分野《かくぶんや》で近代個人主義《きんだいこじんしゅぎ》が行《い》きづまりを示《しめ》している今《いま》、求《もと》められているのは、自我《じが》の確立《かくりつ》ではなく、その奥《おく》に隠《かく》れている真自己《しんじこ》（真《しん》我《が》）の確立《かくりつ》。つまり、行《い》きづまらない、滅《ほろ》びない「いのち」を摑《つか》むことではないでしょうか。

何《なに》よりもこの信仰《しんこう》こそが、神道祭祀《しんとうさいし》の根本《こんぽん》にあるものであります。私《わたし》たちは今《こん》日《にち》、この信仰《しんこう》を忘《わす》れているから慎《つつし》みがなくなり、傲慢《ごうまん》・不遜《ふそん》になったのであります。欧米人《おうべいじん》には、どうしても理解《りかい》できない問題《もんだい》に、日本人《にほんじん》の「神《かみ》」の意識《いしき》、「霊魂不《れいこんふ》滅《めつ》」の信念《しんねん》があります。日本人《にほんじん》であるならば、本来《ほんらい》の日本人《にほんじん》であるならば、私《わたし》たちの肉体《にくたい》は死《し》によって消《き》えてしまいますが、霊魂《れいこん》（たましい）は決《けっ》して亡《ほろ》びるものでなく、この世《よ》に留《とど》まっていつまでも子孫《しそん》の幸福《こうふく》を見守《みまも》っていると考《かんが》えることは、極《きわ》めて自然《しぜん》であり当然《とうぜん》のことであります。

これを子孫《しそん》の側《がわ》に立《た》っていうならば、先祖《せんぞ》の霊魂《れいこん》は常《つね》に私《わたし》たちのそばに居《お》り、私《わたし》たちの真心《まごころ》を喜《よろこ》んで受《う》けて下《くだ》さるという信念《しんねん》であります。「神様《かみさま》」となった祖先《そせん》と、子孫《しそん》である私《わたし》たちとの間《あいだ》に、真心《まごころ》によって感応《かんのう》が生《しょう》ずる。これは観念《かんねん》でなく、自《みずか》らの行動《こうどう》によって体認《たいにん》し、自証《じしょう》する事実《じじつ》であります。

そしてこのことは、子孫《しそん》である私《わたし》たちに、神様《かみさま》に感応《かんのう》し得《え》る、神様《かみさま》と同質《どうしつ》の神性《しんせい》が宿《やど》っていることを示《しめ》すものに他《ほか》ならないのであります。何《なに》よりも人間《にんげん》の本質《ほんしつ》をこの点《てん》に認《みと》めたものが、古《ふる》い伊勢《いせ》の神道《しんとう》であります。

神嘗祭《かんなめさい》の本質《ほんしつ》

先《さき》に述《の》べましたように、宮中《きゅうちゅう》の新嘗祭《にいなめさい》と対応関係《たいおうかんけい》にありますのが伊勢神宮《いせじんぐう》の神嘗祭《かんなめさい》であります。

十月十五日《じゅうがつじゅうごにち》、十六日《じゅうろくにち》、十七日《じゅうしちにち》の神嘗祭《かんなめさい》は伊勢神宮《いせじんぐう》における一番大切《いちばんたいせつ》なお祭《まつ》りであり、年中最大《ねんちゅうさいだい》の収穫祭《しゅうかくさい》であります。天照大御神《あまてらすおおみかみ》に新穀《しんこく》を供《そな》えまつり、宮中《きゅうちゅう》ならびに全国《ぜんこく》の神社《じんじゃ》の新嘗祭《にいなめさい》に先《さき》だつ収穫祭《しゅうかくさい》なのであります。

神嘗祭《かんなめさい》と新嘗祭《にいなめさい》はともに初穂《はつほ》を天照大御神《あまてらすおおみかみ》に奉《たてまつ》る祭《まつ》りですが、元来《がんらい》、神宮《じんぐう》では神嘗祭《かんなめさい》だけを行《おこな》っていて、新嘗祭《にいなめさい》は行《おこな》っていませんでした。

明治《めいじ》の神祇制度《じんぎせいど》が整《ととの》うなかで、明治五年《めいじごねん》より勅使《ちょくし》を遣《つか》わされ新嘗祭《にいなめさい》の祭典《さいてん》を行《おこな》うことになったのであります。

同様《どうよう》に、古来宮中《こらいきゅうちゅう》では神嘗祭《かんなめさい》は行《おこな》われず、新嘗祭《にいなめさい》だけが執《と》り行《おこな》われてきましたが、明治四年《めいじよねん》からは、宮中《きゅうちゅう》でも新嘗祭《にいなめさい》とともに神嘗祭《かんなめさい》（神嘗祭賢所の儀《かんなめさいかしこどころのぎ》）が執《と》り行《おこな》われるようになったのであります。

しかしながら、冒頭《ぼうとう》ご紹介申《しょうかいもう》し上《あ》げましたように、伊勢神宮《いせじんぐう》にご鎮座《ちんざ》された天照大御神《あまてらすおおみかみ》は元々《もともと》、宮中《きゅうちゅう》に祀《まつ》られていました神様《かみさま》です。それが第十一代垂仁天皇《だいじゅういちだいすいにんてんのう》の時《とき》に伊勢《いせ》にご鎮座《ちんざ》された訳《わけ》ですから、ご鎮座当初《ちんざとうしょ》は伊勢《いせ》でも新嘗祭《にいなめさい》が執《と》り行《おこな》われていたと推察《すいさつ》されます。

その事実《じじつ》をことなく伝《つた》えている古伝承《こでんしょう》が、鎌倉時代初期《かまくらじだいしょき》に成立《せいりつ》したとされている次《つぎ》の『宝基本記《ほうきほんぎ》』の垂仁天皇二十六年《すいにんてんのうにじゅうろくねん》の託宣《たくせん》であります。

天皇《てんのう》の即位二十六年《そくいにじゅうろくねん》の丁巳《ひのとみ》の冬十一月《ふゆじゅういちがつ》、新嘗会《にいなめえ》の祭《まつ》りの夜《よる》、神主部《かんぬしべ》・物忌《ものいみ》の八十氏《やそうじら》等に詔《のたま》はく、吾《われ》、今夜《こよい》、太神《おおかみ》の威命《いめい》を承《う》けて託宣《たくせん》する所《ところ》なり。神主部《かんぬしべ》・物忌等《ものいみら》よ、慎《つつし》みて懈《おこた》ること無《な》く、正明《まさ》しく聞《き》け。人《ひと》は乃《すなわ》ち天下《あめのした》の神物《しんもつ》なり、須《すべか》らく静謐《せいひつ》を掌《つかさど》るべし。心《こころ》は乃《すなわ》ち神明《しんめい》の主《しゅ》たり、心神《しんしん》を傷《いた》ましむる莫《なか》れ。神《かみ》は垂《た》

るるに、祈禱《きとう》を以《もっ》て先《さき》と為《な》し、冥《めい》は加《くは》ふるに、正直《せいちょく》を以《もっ》て本《もと》と為《な》す。（『神道大系《しんとうたいけい》』論説編《ろんせつへん》五）

この新嘗祭夜《にいなめさいや》の天照大御神《あまてらすおおみかみ》の託宣《たくせん》は、後述《こうじゅつ》いたしますが、宮中《きゅうちゅう》の大嘗祭《だいじょうさい》（新嘗祭《にいなめさい》）を考《かんが》える上《うえ》で、非常《ひじょう》に大事《だいじ》な伝承《でんしょう》であります。同時《どうじ》に神宮《じんぐう》の神嘗祭《かんなめさい》は宮中《きゅうちゅう》の新嘗祭《にいなめさい》の延長線上《えんちょうせんじょう》にあることをより一層明確化《いっそうめいかくか》するものであります。

なぜならこの記事《きじ》は、天照大御神《あまてらすおおみかみ》が伊勢《いせ》にご鎮座《ちんざ》された年《とし》（又《また》は翌年《よくねん》）のことであり、まだこの時点《じてん》では神宮祭祀《じんぐうさいし》の体系《たいけい》が整備《せいび》されるはずはなく、当時《とうじ》すでに神嘗祭《かんなめさい》が伊勢《いせ》の地《ち》において執行《しっこう》されていたとは考《かんが》えられないからであります。

ここに記載《きさい》されている新嘗祭《にいなめさい》は後世《こうせい》の神嘗祭《かんなめさい》にあたるものの、宮中祭祀《きゅうちゅうさいし》における新嘗祭《にいなめさい》をそのまま承《う》けていることが読《よ》み取《と》れるのであります。神宮《じんぐう》においては古来《こらい》、新嘗祭《にいなめさい》の行《おこな》われなかったことは、『皇太神宮儀式帳《こうたいじんぐうぎしきちょう》』（八〇四年《ねん》）、『延喜式《えんぎしき》』（九二七年《ねん》。施行《せこう》は九六七年《ねん》）に記載《きさい》されていないことによっても明白《めいはく》であります。

つまり、この記事《きじ》は、神宮《じんぐう》の神嘗祭《かんなめさい》が宮中《きゅうちゅう》の新嘗祭《にいなめさい》の延長線上《えんちょうせんじょう》にあることを証明《しょうめい》するものなのであります。何《なに》よりも神嘗祭《かんなめさい》は新嘗祭《にいなめさい》の影響《えいきょう》の下《もと》に成立《せいりつ》したことをこよなく伝《つた》えているのであります。

このご鎮座当初《ちんざとうしょ》、執《と》り行《おこな》われていた新嘗祭《にいなめさい》ですが、神宮《じんぐう》で最《もっと》も古《ふる》い『皇太神宮儀式帳《こうたいじんぐうぎしきちょう》』では神嘗祭《かんなめさい》に変化《へんか》し、祭《まつ》りの時期《じき》も十一月《じゅういちがつ》から九月《くがつ》へと変《か》わっているのです。新嘗祭《にいなめさい》から神嘗祭《かんなめさい》へと、いつ変化《へんか》したかは特定《とくてい》できませんが、少《すく》なくとも平安時代《へいあんじだい》初期《しょき》には神嘗祭《かんなめさい》が執《と》り行《おこな》われているのであります。

『皇太神宮儀式帳《こうたいじんぐうぎしきちょう》』によれば、神嘗祭前夜《かんなめさいぜんや》の九月十五日《くがつじゅうごにち》に天照大御神《あまてらすおおみかみ》より託宣《たくせん》(天照大御神《あまてらすおおみかみ》の神教《みおし》え)を賜《たまわ》り、その神教《みおし》えを拠《よ》り所《どころ》として翌日《よくじつ》、禰宜《ねぎ》、内人《うちうど》、物忌《ものいみ》等《ら》の館《やかた》の解除《かいじょ》(祓《はら》え)を始《はじ》め、人別《ひとごと》に自分自身《じぶんじしん》の罪事《つみごと》を天照大御神《あまてらすおおみかみ》に告白《こくはく》し、深《ふか》く反省回心《はんせいかいしん》した後《のち》に解除《かいじょ》(祓《はら》え)が行《おこな》われているのであります。これが、次《つぎ》の『皇太神宮儀式帳《こうたいじんぐうぎしきちょう》』に見《み》える「古式《こしき》の川原祓《かわはらばらえ》」です。

同日《どうじつ》(九月十五日《くがつじゅうごにち》)をもって夜《よる》の亥《い》の時《とき》(夜《よる》の十時頃《じゅうじごろ》)、御巫内人《みかんなぎのうちうど》を第二《だいに》門《もん》に侍《はべ》らしめて、御琴給《みことたま》ひて、十六日《じゅうろくにち》をもって、天照坐大神《あまてらすおおみかみ》の神教《みおし》えを請《こ》いて、すなわち教《おし》える所《ところ》の雑《もろもろ》の罪事《つみごと》を、禰宜《ねぎ》の館《やかた》より始《はじ》めて、内人《うちうど》、物忌《ものいみ》、四人《よったり》の館《やかた》ごとに解除清《かいじょきよ》めおわる。ただちに禰宜《ねぎ》、内人《うちうど》、物忌等《ものいみら》、皆悉《みなことごと》く宮《みや》より西方《せいほう》の川原《かわはら》に集《つど》え侍《はべ》りて、まず神宮《じんぐう》に向《む》いて、人《ひと》ごとの罪事《つみごと》を明《あき》らかに申《もう》しおわる。そのまま川《かわ》に向《む》いて、御巫内人《みかんなぎのうちうど》が解除《かいじょ》。告刀《のりと》を申《もう》しおわる。皆悉《みなことごと》く率《ひき》いて、正殿院《せいでんいん》に参《まい》り入《い》り、掃《は》き清《きよ》め奉《たてまつ》りおわる。

（『神道大系《しんとうたいけい》』神宮編一《じんぐうへんいち》）

神嘗祭《かんなめさい》とは「古式《こしき》の川原祓《かわはらばらえ》」も含《ふく》めての祭儀《さいぎ》です。それは切《き》り離《はな》されていなく、一連《いちれん》の祭儀《さいぎ》なのです。つまり、神宮《じんぐう》における最大《さいだい》の重儀《じゅうぎ》であります神嘗祭《かんなめさい》に奉仕《ほうし》する神宮祠官《じんぐうしかん》の眼目《がんもく》は、祓《はら》えに祓《はら》えを重《かさ》ねながら天照大御神《あまてらすおおみかみ》の御心《みこころ》に限《かぎ》りなく近《ちか》づき、その清浄極致《せいじょうきょくち》の心《こころ》で奉仕《ほうし》することにあるのであります。

二度《にど》の由貴大御饌供進《ゆきおおみけきょうしん》の儀《ぎ》を奉仕《ほうし》するということは、清浄《せいじょう》の心身《しんしん》で行《おこな》うことが最大《さいだい》の条件《じょうけん》であったのです。何《なに》より神嘗祭《かんなめさい》に象徴《しょうちょう》される神宮祭祀《じんぐうさいし》に奉仕《ほうし》する神宮祠《じんぐうし》官《かん》の祓《はら》えの眼目《がんもく》は、「天照大御神《あまてらすおおみかみ》の神教《みおし》え」そのものに存《そん》したのであります。神宮祠官《じんぐうしかん》の職掌《しょくしょう》は、天皇陛下《てんのうへいか》の祈《いの》りを天照大御神《あまてらすおおみかみ》に取《と》り持《も》つことを任《にん》とするものです。したがって「天照大御神《あまてらすおおみかみ》の神教《みおし》え」とは、既述《きじゅつ》の「天壌無窮《てんじょうむきゅう》の神勅《しんちょく》」の「寶祚《あまつひつぎ》の隆《さか》えまさむこと」のご下命《かめい》を想起《そうき》するのであります。

その『皇太神宮儀式帳《こうたいじんぐうぎしきちょう》』の「天照大御神《あまてらすおおみかみ》の神教《みおし》え」の言葉化《ことばか》こそが、『宝基本記《ほうきほんぎ》』に見《み》える先《さき》ほどご紹介《しょうかい》しました天照大御神《あまてらすおおみかみ》からの託宣《たくせん》なのです。このように、伊勢《いせ》においてはご鎮座当初《ちんざとうしょ》から天照大御神《あまてらすおおみかみ》に直接《ちょくせつ》ご奉仕《ほうし》する神宮祠官《じんぐうしかん》の間《あいだ》に、『宝基本記《ほうきほんぎ》』に記載《きさい》されている「私《わたし》たちの本性《ほんせい》は神性《しんせい》なものである」という内容《ないよう》に近似《きんじ》した天照大御神《あまてらすおおみかみ》の託宣《たくせん》に関《かん》する古伝承《こでんしょう》が存在《そんざい》していたのであります。同時《どうじ》にこれは、その源流《げんりゅう》であります宮中祭祀《きゅうちゅうさいし》からの伝承《でんしょう》であり、天皇陛下《てんのうへいか》の御祈《おんいの》りそのものなのであります。畏《おそ》れ多《おお》いことではありますが、神宮祠官《じんぐうしかん》の祈《いの》りは個人的《こじんてき》なものでなく、天皇陛下《てんのうへいか》の御祈《おんいの》りと一《ひと》つになることがその眼目《がんもく》です。

しかしそれは、言葉化《ことばか》することなく、口伝《くでん》で伝《つた》わってきたのであります。本当《ほんとう》に大事《だいじ》なことは、言語道断《ごんごどうだん》であり、不立文字《ふりゅうもんじ》なのです。まさに以心伝心《いしんでんしん》です。神宮祭祀《じんぐうさいし》の集約《しゅうやく》は神嘗祭《かんなめさい》でありますから、『皇太神宮儀式帳《こうたいじんぐうぎしきちょう》』の神嘗祭《かんなめさい》のところに見《み》える「天照大御神《あまてらすおおみかみ》の神教《みおし》え」こそは、天照大御神《あまてらすおおみかみ》に奉仕《ほうし》する神宮祠官《じんぐうしかん》が当初《とうしょ》から一貫《いっかん》して伝承《でんしょう》してきた祓《はら》えの神髄《しんずい》であり、この一点《いってん》にこそ神宮祠官《じんぐうしかん》の深《ふか》い祈《いの》りが込《こ》められていると言《い》っても過言《かごん》ではないのであります。つまり、神宮祠官《じんぐうしかん》にとって「天照大御神《あまてらすおおみかみ》の神教《みおし》え」は、万古不易《ばんこふえき》の命題《めいだい》であり、祈《いの》りの結晶《けっしょう》ともいえるものであります。

具体的《ぐたいてき》には、『宝基本記《ほうきほんぎ》』の託宣《たくせん》が語《かた》っているように「私《わたし》たちの本性《ほんせい》は神性《しんせい》なのである」という信念《しんねん》であります。この信仰《しんこう》こそが、『皇太神宮儀式帳《こうたいじんぐうぎしきちょう》』の「古式《こしき》の川原祓《かわはらばらえ》」の大本《おおもと》にある天照大御神《あまてらすおおみかみ》の神教《みおし》えであり、神宮《じんぐう》で最大《さいだい》の重儀《じゅうぎ》でありま す神嘗祭《かんなめさい》、さらには大神嘗祭《だいかんなめさい》であります式年遷宮《しきねんせんぐう》に奉仕《ほうし》する神宮祠官《じんぐうしかん》の清《きよ》らかさに対《たい》する覚悟《かくご》と言《い》ってもよいのであります。

この「古式《こしき》の川原祓《かわはらばらえ》」は、キリスト教《きょう》のように人間《にんげん》は本来罪《ほんらいつみ》の子《こ》である故《ゆえ》に、神《かみ》の前《まえ》に懺悔《ざんげ》するというものとも、また仏教《ぶっきょう》における業《ごう》の思想《しそう》のように、眼前《がんぜん》の四苦《しく》八苦《はっく》の世界《せかい》を説明《せつめい》するために、善業《ぜんごう》よりも悪業《あくごう》を強調《きょうちょう》し、人間《にんげん》は本来罪深《ほんらいつみぶか》き存在《そんざい》であるが故《ゆえ》に、御仏《みほとけ》の前《まえ》に懺悔《ざんげ》するというものとも根本的《こんぽんてき》に異《こと》なるのであります。

ここにあるのは、自《みずか》らの本性《ほんせい》に対《たい》する限《かぎ》りない感動《かんどう》と感謝《かんしゃ》です。自分自身《じぶんじしん》の「いのち」に対《たい》する感動《かんどう》、この世《よ》に生《せい》を受《う》けた感謝《かんしゃ》なのです。ですから、私《わたし》たちの「いのち」の元《もと》であるご両親《りょうしん》は絶対《ぜったい》なのです。親孝行《おやこうこう》に条件《じょうけん》を付《つ》けてはだめです。無《む》条件《じょうけん》です。一番身近《いちばんみぢか》な親《おや》を粗末《そまつ》にする人《ひと》が世《よ》のため、人《ひと》のために尽《つ》くすことはできないと思《おも》います。

すなわち、私《わたし》たちは本来《ほんらい》、神様《かみさま》と同一《どういつ》の清明《せいめい》の心《こころ》を有《ゆう》している貴《とうと》い存在《そんざい》でありながら、自分自身《じぶんじしん》の我欲我見《がよくがけん》の異心《ことごころ》によって、その本性《ほんせい》を晦《くら》ましている故《ゆえ》に、その離《はな》れた異心《ことごころ》を反省《はんせい》・回心《かいしん》し、祓《はら》って自《みずか》らの本体《ほんたい》に戻《もど》ろうとする所《ところ》から発《はっ》しているのであります。

したがって伊勢《いせ》における祓《はら》えは、平安時代末《へいあんじだいまつ》に「中臣祓《なかとみのはらえ》」（大祓詞《おおはらえのことば》）を受容《じゅよう》する以前《いぜん》から、自分自身《じぶんじしん》の罪穢《つみけが》れを祓《はら》い去《さ》り、清浄《せいじょう》の本姿《ほんし》に復帰《ふっき》せんとするために熱《ねっ》唱《しょう》するものであったことが、より一層明瞭《いっそうめいりょう》に看取《かんしゅ》されるのであります。

何《なに》よりも天照大御神《あまてらすおおみかみ》の祭祀《さいし》に奉仕《ほうし》する神宮祠官《じんぐうしかん》の眼目《がんもく》は、自《みずか》らの罪穢《つみけが》れを祓《はら》い去《さ》って、天照大御神《あまてらすおおみかみ》の御心《みこころ》に限《かぎ》りなく近《ちか》づき、その清浄極致《せいじょうきょくち》の心身状態《しんしんじょうたい》で、天《あま》照大御神《てらすおおみかみ》に二度《にど》の由貴大御饌供進《ゆきのおおみけきょうしん》の儀《ぎ》を厳《おごそ》かに奉仕《ほうし》することなのであります。

要《よう》するに、神宮祠官《じんぐうしかん》にとっては、清《きよ》らかであることが天照大御神《あまてらすおおみかみ》の祭祀《さいし》に奉仕《ほうし》するための最大《さいだい》の要件《ようけん》だったのであります。但《ただ》し、この場合《ばあい》の「清《きよ》らか」とは、美《うつく》しい、汚《きたな》いというような二元世界《にげんせかい》のことでなく、その奥《おく》にある天照大御神《あまてらすおおみかみ》の御心《みこころ》と一《ひと》つになるという意味《いみ》です。初《はじ》めからある「いのち」のことなのです。

ところで、鎌倉時代初期《かまくらじだいしょき》にこの「天照大御神《あまてらすおおみかみ》の神教《みおし》え」の言葉化《ことばか》がなされた時《じ》代背景《だいはいけい》にあるのは、仏教《ぶっきょう》の末法思想《まっぽうしそう》なのであります。末法《まっぽう》とは、仏教《ぶっきょう》の歴史観《れきしかん》であり、正法《しょうぼう》、像法《ぞうぼう》、末法《まっぽう》という三《みっ》つの時代区分《じだいくぶん》の一《ひと》つです。

すなわち、正法《しょうぼう》の時代《じだい》とは、お釈迦様《しゃかさま》の正《ただ》しい教《おし》えと修行《しゅぎょう》によって現実《げんじつ》に悟《さと》りを開《ひら》く者《もの》がいる時代《じだい》。像法《ぞうぼう》の時代《じだい》とは、お釈迦様《しゃかさま》の教《おし》えとそれに基《もと》づく修行《しゅぎょう》はありますが、悟《さと》りを開《ひら》くことが不可能《ふかのう》な時代《じだい》。そして末法《まっぽう》の時代《じだい》とは、お釈迦様《しゃかさま》の教《おし》えだけは残《のこ》っていますが、修行《しゅぎょう》も行《おこな》われず、絶望《ぜつぼう》の救《すく》われない時代《じだい》であります。

正法《しょうぼう》、像法《ぞうぼう》、末法《まっぽう》の期間《きかん》につきましては、古来《こらい》いろいろな説《せつ》がありますが、わが国《くに》では正法一千年《しょうぼういっせんねん》、像法一千年《ぞうぼういっせんねん》、末法一万年《まっぽういちまんねん》の説《せつ》が採用《さいよう》され、永承七年《えいしょうしちねん》（一〇五二）に末法時代《まっぽうじだい》に入《はい》ったと信《しん》じられました。

折《おり》からの天変地異《てんぺんちい》、疫病《えきびょう》の流行《りゅうこう》などにより、末法時代《まっぽうじだい》に絶望《ぜつぼう》し、自殺往生《じさつおうじょう》の思想《しそう》も広《ひろ》まったのであります。鴨長明《かものちょうめい》の『方丈記《ほうじょうき》』（一二一二）によれば、京都《きょうと》の賀茂川《かもがわ》の河原《かわら》は多《おお》くの死体《したい》であふれたと伝《つた》えられております。

また天皇陛下《てんのうへいか》は百代《ひゃくだい》で終《お》わるとする百王思想《ひゃくおうしそう》も広《ひろ》まったのであります。いわゆる終末思想《しゅうまつしそう》です。当時《とうじ》（平安時代中期《へいあんじだいちゅうき》）は、八十代前後《はちじゅうだいぜんご》にありました。このような悲観的《ひかんてき》な時代《じだい》にあって浄土教《じょうどきょう》は、人間《にんげん》というのは過去《かこ》の宿業《しゅくごう》（過去《かこ》に悪《わる》い行為《こうい》を行《おこな》ったので、今《いま》、悪《わる》い状態《じょうたい》に生《う》まれ変《か》わっていると考《かんが》える思想《しそう》）ゆえに、救《すく》われがたい存在《そんざい》であるとし、現世《げんせ》を否定《ひてい》し来世《らいせ》に救《すく》いを求《もと》めたのであります。

この業《ごう》の思想《しそう》こそ、仏教《ぶっきょう》における人間理解《にんげんりかい》の根底《こんてい》にあるものです。お釈迦様《しゃかさま》は、人間《にんげん》の尊《とうと》さは生《う》まれによるのではなく、自《みずか》らの行為《こうい》（業《ごう》）によると説《と》きました。そして、眼前《がんぜん》の四苦八苦《しくはっく》の世界《せかい》を説明《せつめい》するために、善業《ぜんごう》よりも悪業《あくごう》を強調《きょうちょう》し、人間《にんげん》は本来罪深《ほんらいつみぶか》きものと見《み》ているのです。この苦難《くなん》に満《み》ちた世界《せかい》の生死《せいし》を断《た》って、迷《まよ》いと苦《くる》しみとを捨《す》てることが解脱《げだつ》であり、それが仏教《ぶっきょう》における救《すく》いなのであります。

ですから浄土教《じょうどきょう》では、南無阿弥陀仏《なむあみだぶつ》、南無阿弥陀仏《なむあみだぶつ》と阿弥陀仏《あみだぶつ》にひたすらすがったのであります。これに対《たい》して真言宗《しんごんしゅう》、天台宗《てんだいしゅう》の密教《みっきょう》では、神道思想《しんとうしそう》の根幹《こんかん》にある祓《はら》えの思想《しそう》までも取《と》り入《い》れて、その教《おし》えの末法適応性《まっぽうてきおうせい》を主張《しゅちょう》しました。

まさにこの時《とき》、神道《しんとう》では二十年《にじゅうねん》に一度《いちど》の式年遷宮《しきねんせんぐう》（大神嘗祭《だいかんなめさい》）を担《にな》う神宮祠官《じんぐうしかん》が、ご遷宮《せんぐう》の祭儀《さいぎ》そのものが末法思想《まっぽうしそう》とは対極《たいきょく》にある思想《しそう》であることを認識《にんしき》し、古代《こだい》から口伝《くでん》によって伝承《でんしょう》されてきた神嘗祭《かんなめさい》の前夜《ぜんや》に天照大御神《あまてらすおおみかみ》から賜《たま》わった託宣《たくせん》の言《こと》葉《ば》化《か》を初《はじ》めて行《おこな》ったのであります。それが先《さき》ほど紹介《しょうかい》しました『宝基本記《ほうきほんぎ》』に記載《きさい》されています天照大御神《あまてらすおおみかみ》からの託宣《たくせん》なのであります。

すなわち、その意味《いみ》は、私《わたし》たちは神様《かみさま》より大切《たいせつ》な「いのち」を授《さず》かった神性《しんせい》な存《そん》在《ざい》であるから、心《こころ》は穏《おだ》やかに慎《つつし》み深《ぶか》く生活《せいかつ》しなければならない。自《みずか》らの心《こころ》に神様《かみさま》は存《そん》すのであるから、絶対《ぜったい》に我欲我見《がよくがけん》によって心《こころ》の神様《かみさま》を傷《きず》つけてはならない。神様《かみさま》の御《おん》めぐみを頂《いただ》くには、何《なに》よりもまず心《こころ》からの祈《いの》りが大切《たいせつ》であり、また、神様《かみさま》のご加護《かご》を受《う》けるには、正直《しょうじき》の心《こころ》を守《まも》ることが根本《こんぽん》であるというものであります。

「心神《しんしん》」とは、大宇宙《だいうちゅう》中心《ちゅうしん》の主宰神《しゅさいしん》であります天之《あめの》御中主神《みなかぬしのかみ》であり、その天之《あめの》御中主神《みなかぬしのかみ》をはじめ別天《ことあま》つ神五柱《かみいつはしら》のご神徳《しんとく》が現象界《げんしょうかい》に現《あら》われた天照大御神《あまてらすおおみかみ》でありま す。伊勢《いせ》では両神《りょうしん》は一体《いったい》であると信仰《しんこう》していたのです。そして、その天之《あめの》御中《みなか》主神《ぬしのかみ》、天照大御神《あまてらすおおみかみ》は私《わたし》たちの心《こころ》の中《なか》にも生《い》きているのです。私《わたし》たちのこの身体《からだ》には、大宇宙本源《だいうちゅうほんげん》の「いのち」が生《い》きており、私《わたし》たちはとても貴《とうと》い存在《そんざい》であるのです。

ですから、この一貫《いっかん》の「いのち」を悪口《わるくち》、嫉妬《しっと》、傲慢《ごうまん》などの異心《ことごころ》から守《まも》るのです。

この先祖《せんぞ》の心《こころ》（正直《しょうじき》の心《こころ》）と一《ひと》つで生《い》きている限《かぎ》り、天地《てんち》の初《はじ》めは今日《きょう》なのです。

なぜなら、初《はじ》めからある「いのち」だからです。常《つね》に今《いま》なのです。北畠親房公《きたばたけちかふさこう》は、「代《よ》くだれりとて自《みずか》ら苟《いやし》むべからず。天地《てんち》の始《はじめ》は今日《きょう》を始《はじめ》とする理《ことわり》なり」(『神皇《じんのうしょう》正統記《とうき》』岩波書店《いわなみしょてん》)と述《の》べています。

すなわち親房公《ちかふさこう》は、正直《しょうじき》の心《こころ》こそが天照大御神《あまてらすおおみかみ》の御心《みこころ》であり、大御神《おおみかみ》の本誓《ほんぜい》であるから、代《よ》が下《くだ》ったとしても、今《いま》は無限《むげん》の過去《かこ》から無限《むげん》の未来《みらい》へ向《む》かっての一貫《いっかん》の「いのち」であり、その正直《しょうじき》の心《こころ》に住《じゅう》するかぎり天地《てんち》の初《はじ》めは毎日今日《まいにちきょう》であると主張《しゅちょう》されているのです。

この場合《ばあい》の「正直《しょうじき》」とは、今日《こんにち》で言《い》うところの嘘《うそ》をつかないという意味《いみ》でなく、人間《にんげん》が生《う》まれたままの清浄無垢《せいじょうむく》の本来《ほんらい》の姿《すがた》に立《た》ち返《かえ》ること。つまり、「心神《しんしん》」と同《どう》義語《ぎご》なのです。決《けっ》して私《わたし》たちは単独《たんどく》で、父祖兄弟《ふそきょうだい》と相対峙《あいたいじ》した独立《どくりつ》の人格《じんかく》として存在《そんざい》しているのではないのであります。

最新《さいしん》の科学《かがく》では、「いのち」のもとになる材料《ざいりょう》を集《あつ》めることはできますが、その「いのち」そのものを創《つく》ることはできないと言《い》われています。当然《とうぜん》です。初《はじ》めからある

「いのち」だからです。生《せい》と死《し》もその「いのち」の中《なか》での出来事《できごと》なのです。滅《ほろ》びない「いのち」が初《はじ》めからあるのです。

何《なに》よりも、私《わたし》たちはすでにその貴《とうと》い「いのち」をいただいて生《い》きているのです。いま、こうして生《い》きているということは、只事《ただごと》ではないのであります。この『宝基《ほうき》本記《ほんぎ》』の託宣《たくせん》の神教《みおし》えが「神《かん》ながらの道《みち》」であり、「神《かん》ながらの心《こころ》」であります。一貫《いっかん》の「いのち」への感謝《かんしゃ》、感動《かんどう》が神道《しんとう》なのです。そして大事《だいじ》なことは、神嘗祭《かんなめさい》、ご遷宮《せんぐう》（大神嘗祭《だいかんなめさい》）にご奉仕《ほうし》する神宮祠官《じんぐうしかん》の覚悟《かくご》であることです。

この心神思想《しんしんしそう》は、中世《ちゅうせい》の伊勢神道《いせしんとう》の大成者《たいせいしゃ》であります度会家行《わたらいいえゆき》、北畠親房公《きたばたけちかふさこう》、さらに江戸時代《えどじだい》の度会延佳《わたらいのぶよし》、山崎闇斎《やまざきあんさい》など多《おお》くの神道家《しんとうか》に多大《ただい》なる影響《えいきょう》を与《あた》えたものであり、その影響《えいきょう》は現代《げんだい》まで続《つづ》いております。とりわけ北畠親房公《きたばたけちかふさこう》は、末法思想《まっぽうしそう》、百王思想《ひゃくおうしそう》の蔓延《まんえん》とともに動乱《どうらん》にあけくれている南北朝時代《なんぼくちょうじだい》の末世的《まっせてき》なわが国《くに》の現状《げんじょう》を伊勢神道《いせしんとう》に依拠《いきょ》しながら超克《ちょうこく》しようとしたのであります。

そして、その拠《よ》り所《どころ》としたものは、先《さき》の『宝基本記《ほうきほんぎ》』の託宣《たくせん》に明示《めいじ》されているように、私《わたし》たちの本性《ほんせい》は神性《しんせい》なものであり、その心《こころ》には天照大御神《あまてらすおおみかみ》の御心《みこころ》と同一《どういつ》の神霊《しんれい》が宿《やど》っていて、私《わたし》たちは天照大御神《あまてらすおおみかみ》の「いのち」に連《つら》なっているという信仰《しんこう》であります。

つまり、わが国《くに》の本姿《ほんし》であります神国《しんこく》は、私《わたし》たち一人一人《ひとりひとり》の心《こころ》の中《なか》にすでに神様《かみさま》より与《あた》えられているのであります。それ故《ゆえ》に、その本来《ほんらい》の神性《しんせい》な心《こころ》を取《と》り戻《もど》すならば、末法《まっぽう》・末世《まっせ》という状況下《じょうきょうか》にあるわが国《くに》の現状《げんじょう》を克服《こくふく》することができる。それが神勅《しんちょく》に示《しめ》された天壌無窮《てんじょうむきゅう》の理想《りそう》の姿《すがた》である、と親房公《ちかふさこう》は信《しん》じていたのであります。国家安寧《こっかあんねい》の道《みち》は、私《わたし》たち一人《ひとり》ひとりの本姿《ほんし》への回復《かいふく》にあるのです。

この親房公《ちかふさこう》の信念《しんねん》は、観念的《かんねんてき》なものではありません。現下《げんか》の秩序《ちつじょ》を失《うしな》ったわが国《くに》の問題《もんだい》を解決《かいけつ》するために、伊勢神道《いせしんとう》の「いのち」にすがり、畏《おそ》れ多《おお》いことではありますが、天皇陛下《てんのうへいか》をはじめとしてすべての人々《ひとびと》に、「左《ひだり》を左《ひだり》とし右《みぎ》を右《みぎ》とし、元《はじめ》を元《はじめ》とし本《もと》を本《もと》とす」とその本来《ほんらい》のあるべき姿《すがた》に回帰《かいき》せよと叫《さけ》んだのであります。この本姿《ほんし》への回帰《かいき》は、中世《ちゅうせい》だけでなく、いつの時代《じだい》でも日本人《にほんじん》の心《こころ》の拠《よ》り所《どころ》であり、希望《きぼう》の灯《ひ》（ともしび）なのであります。そして、ポスト近代《きんだい》を模索《もさく》している世界《せかい》の潮流《ちょうりゅう》の中《なか》、現下《げんか》の内外《ないがい》の諸問題《しょもんだい》の超克《ちょうこく》もまた、この一点《いってん》が守《まも》られるかどうかにあります。

万世一系《ばんせいいっけい》とか天壌《てんじょう》無窮《むきゅう》ということは、古今東西《ここんとうざい》を通《つう》ずる祈《いの》りであります。しかし、それがほとんど事実《じじつ》とはなりえなかったというのが、歴史《れきし》の実相《じっそう》です。それが、わが国《くに》において事実《じじつ》たりえたのは、君臣《くんしん》（天皇陛下《てんのうへいか》と国民《こくみん》）が力《ちから》を合《あ》わせて万世一《ばんせいいっ》系《けい》・天壌《てんじょう》無窮《むきゅう》の実現《じつげん》のために努力《どりょく》を重《かさ》ねてきた結果《けっか》であります。神代《かみよ》以来《いらい》の一貫《いっかん》の「いのち」を守《まも》ってきたのです。天照大御神《あまてらすおおみかみ》から賜《たま》わった「天壌《てんじょう》無窮《むきゅう》の神勅《しんちょく》」を命懸《いのちが》けで守《まも》ってきたのであります。

何《なに》よりもこの伊勢《いせ》の「私《わたし》たちの本性《ほんせい》は神性《しんせい》なものである」という信仰《しんこう》は、同時《どうじ》に伊勢《いせ》の神嘗祭前夜《かんなめさいぜんや》の「古式《こしき》の川原祓《かわはらばらえ》」と対応関係《たいおうかんけい》にある宮中《きゅうちゅう》の大嘗祭《だいじょうさい》（新嘗祭《にいなめさい》）前夜《ぜんや》に行《おこな》われる鎮魂祭《ちんこんさい》の眼目《がんもく》なのであります。これは理《り》の当然《とうぜん》です。なぜなら先《さき》ほど述《の》べましたように、伊勢神宮《いせじんぐう》は宮中《きゅうちゅう》の延長線上《えんちょうせんじょう》にあり、本来《ほんらい》、神宮祭祀《じんぐうさいし》と宮中《きゅうちゅう》祭祀《さいし》は不可分《ふかぶん》の関係《かんけい》にあるからであります。

大嘗祭前夜《だいじょうさいぜんや》の鎮魂祭《ちんこんさい》の本質《ほんしつ》

鎮魂祭《ちんこんさい》は大嘗祭《だいじょうさい》（新嘗祭《にいなめさい》）の前夜《ぜんや》に執《と》り行《おこな》われ、平安初期《へいあんしょき》の『令集解《りょうのしゅうげ》』（養老《ようろう》令《りょう》の注釈《ちゅうしゃく》を集大成《しゅうたいせい》した書《しょ》。撰作《せんさく》は第五十六代《だいごじゅうろくだい》清和天皇《せいわてんのう》の貞観年中《じょうがんねんちゅう》・八五九〜八七七）には、大嘗祭《だいじょうさい》とともに「祭祀《さいし》の中《なか》、この祭《まつ》り尤《もっと》も重《おも》し」と規定《きてい》されている重《じゅう》儀《ぎ》であります。

しかしながら、これまで大嘗祭《だいじょうさい》（新嘗祭《にいなめさい》）研究《けんきゅう》の多《おお》いのに比《くら》べて鎮魂祭《ちんこんさい》の研究《けんきゅう》は、史料《しりょう》・内容《ないよう》ともに難解《なんかい》であるために非常《ひじょう》に少《すく》なく、あまり注目《ちゅうもく》されてこなかったと言《い》われています。

従来《じゅうらい》の鎮魂祭《ちんこんさい》に関《かん》する諸説《しょせつ》は、①遊離魂《ゆうりこん》を身体《からだ》に鎮《しず》める説《せつ》。②外来魂《がいらいこん》を身《み》に附《つ》ける説《せつ》。③天照大御神《あまてらすおおみかみ》の死《し》からの復活説《ふっかつせつ》。④天皇《てんのう》の御魂《みたま》の充実説《じゅうじつせつ》などが主張《しゅちょう》されてきました。

しかし近年《きんねん》、これらの諸説《しょせつ》に真《ま》っ向《こう》から疑問《ぎもん》を提示《ていじ》されたのは、長崎《ながさき》ウエスレヤン大学元教授《だいがくもときょうじゅ》の渡辺勝義博士《わたなべかつよしはかせ》であります。渡辺博士《わたなべはかせ》は、従前《じゅうぜん》の「霊魂《れいこん》が身体《からだ》から離《はな》れる・附着《ふちゃく》させるといったシャーマニズム論的《ろんてき》、実体論的《じったいろんてき》、機械論的解釈《きかいろんてきかいしゃく》では古代《こだい》から伝《つた》え守《まも》られて来《き》た鎮魂祭《ちんこんさい》の意味世界《いみせかい》は理解《りかい》できないのではなかろうか」と述《の》べながら、鎮魂祭《ちんこんさい》とは霊的秩序《れいてきちつじょ》を乱《みだ》す恐《おそ》れのある荒《あら》ぶる御魂《みたま》を祓《はら》い浄《きよ》め、鎮《しず》め和《なご》めて、本姿《ほんし》に回帰《かいき》することにあると主張《しゅちょう》されたのであります。（『鎮魂祭《ちんこんさい》の研究《けんきゅう》』名著出版《めいちょしゅっぱん》）

この渡辺説《わたなべせつ》は、先述《せんじゅつ》しましたが、その対応関係《たいおうかんけい》にある神宮《じんぐう》の神嘗祭前夜《かんなめさいぜんや》の「古式《こしき》の川原祓《かわはらばらえ》」（『皇太神宮儀式帳《こうたいじんぐうぎしきちょう》』・八〇四年《ねん》）から推測《すいそく》しても、穏当《おんとう》な考察《こうさつ》であることが明《あき》らかであります。今日《きょう》は、学会《がっかい》の研究発表《けんきゅうはっぴょう》ではないので詳細《しょうさい》なことは省略《しょうりゃく》いたしますが、鎮魂祭《ちんこんさい》の眼目《がんもく》とは荒《あら》ぶる御魂《みたま》を鎮《しず》め、本来《ほんらい》の清明《せいめい》な御心《みこころ》に立《た》ち返《かえ》ることにあるのであります。

鎮魂祭《ちんこんさい》の祭儀次第《さいぎしだい》に関《かん》して最古《さいこ》の文献《ぶんけん》と考《かんが》えられている『貞観儀式《じょうがんぎしき》』（平安前期《へいあんぜんき》

の貞観十四年《じょうがんじゅうよねん》・八七二年《ねん》以降《いこう》の成立《せいりつ》）所収《しょしゅう》の宮中《きゅうちゅう》の鎮魂祭《ちんこんさい》では、宇氣槽《うけぶね》撞《つ》きの儀《ぎ》、木綿結《ゆうむす》びの儀《ぎ》。また『貞観儀式《じょうがんぎしき》』より先《さき》に成立《せいりつ》した「弘仁神祇式《こうにんじんぎしき》」（八二〇年《ねん》）の逸文《いつぶん》には御衣振動《ぎょいしんどう》の儀《ぎ》などの象徴的儀礼《しょうちょうてきぎれい》がありますが、その意義《いぎ》は、神宮《じんぐう》の「古式《こしき》の川原祓《かわはらばらえ》」と同様《どうよう》に、祓《はら》えによって荒《あら》ぶる心《こころ》を鎮《しず》め、本来《ほんらい》の清明《せいめい》な心《こころ》を取《と》り戻《もど》すことにあったのです。

取《と》り分《わ》け御衣振動《ぎょいしんどう》の儀《ぎ》は、畏《おそ》れ多《おお》いことではありますが、大嘗祭《だいじょうさい》（新嘗祭《にいなめさい》）に直接《ちょくせつ》ご奉仕《ほうし》される天皇陛下《てんのうへいか》ご自身《じしん》に対《たい》する祓《はら》いの意味《いみ》が込《こ》められている象徴的《しょうちょうてき》儀《ぎ》礼《れい》ではなかろうかと考《かんが》えられるのです。

大嘗祭《だいじょうさい》（新嘗祭《にいなめさい》）にご奉仕《ほうし》されるということは、天皇陛下《てんのうへいか》といえども祓《はら》いに関《かん》しては例外《れいがい》としなかったのです。というのは、天皇陛下《てんのうへいか》は鎮魂祭《ちんこんさい》に出御《しゅつぎょ》はしないものの、大嘗祭《だいじょうさい》（新嘗祭《にいなめさい》）の祭月《さいげつ》の一日《ついたち》より忌火《いみび》の御饌《みけ》の供進《きょうしん》や御贖物《みあがもの》を受《う》け厳重《げんじゅう》な斎戒生活《さいかいせいかつ》に入《はい》られているからです。さらに天皇陛下《てんのうへいか》は、祭儀斎行《さいぎさいこう》の直前《ちょくぜん》にも浴湯《よくとう》をされ、その潔斎《けっさい》は厳重《げんじゅう》に厳重《げんじゅう》を極《きわ》めているのであります。

このように天皇陛下《てんのうへいか》も天皇陛下《てんのうへいか》以外《いがい》の奉仕者《ほうししゃ》も潔斎《けっさい》と祓《はら》えを重《かさ》ねながら、限《かぎ》りなく天照大御神《あまてらすおおみかみ》の御心《みこころ》に近《ちか》づき、清浄無垢《せいじょうむく》の心身《しんしん》の状態《じょうたい》で大嘗祭《だいじょうさい》（新嘗祭《にいなめさい》）に奉《ほう》仕《し》の誠《まこと》をささげたのです。まさに天照大御神《あまてらすおおみかみ》の御心《みこころ》とご奉仕《ほうし》する者《もの》の御心《みこころ》が一《ひと》つにならなければ、国家《こっか》最大《さいだい》の重儀《じゅうぎ》である大嘗祭《だいじょうさい》（新嘗祭《にいなめさい》）に奉仕《ほうし》することはできなかったのであります。

しかしながら問題《もんだい》なのは、『令義解《りょうのぎげ》』（第五十三代《だいごじゅうさんだい》淳和《じゅんな》天皇《てんのう》の天長十年《てんちょうじゅうねん》・八三三の成立《せいりつ》）には、鎮魂祭《ちんこんさい》について「離遊《りゆう》の運魂《うんこん》を招《まね》き、身体《からだ》の中府《ちゅうふ》に鎮《しず》む。故《ゆえ》に鎮魂《ちんこん》と曰《い》ふ」とあることです。つまり、これは少《すく》なくとも平安時代《へいあんじだい》の初期《しょき》には、鎮《ちん》魂祭《こんさい》についてこのような理解《りかい》があった証拠《しょうこ》だからであります。

これについて渡辺博士《わたなべはかせ》は、当時《とうじ》の明法家《みょうぼうけ》が「鎮魂《ちんこん》」について中国文献《ちゅうごくぶんけん》から解釈《かいしゃく》していると指摘《してき》しながら、「平安時代《へいあんじだい》には『鎮魂《ちんこん》』の本義《ほんぎ》はすでに分《わか》らなくなっていた」と述《の》べています。その上《うえ》で、「大嘗祭《だいじょうさい》は鎮魂祭《ちんこんさい》をも含《ふく》めて大嘗祭《だいじょうさい》なのである」と渡辺博士《わたなべはかせ》は明快《めいかい》に述《の》べられているのです。

ここで想起《そうき》されることは、大嘗祭《だいじょうさい》と鎮魂祭《ちんこんさい》の二祭《にさい》について既述《きじゅつ》の『令集解《りょうのしゅうげ》』（貞観年中《じょうがんねんちゅう》・八五九〜八七七の成立《せいりつ》）に、「唯此《ただこ》の二祭《にさい》は、是殊《これこと》に人主《じんしゅ》と為《な》す。群庶《ぐんしょ》及《およ》ばず。既《すで》に有司《ゆうし》の慇懐《いんしん》と為《な》す」とあり、また同書《どうしょ》に、「大嘗鎮魂《だいじょうちんこん》。（中略《ちゅうりゃく》）祭祀《さいし》の中《なか》、この祭《まつ》り尤《もっと》も重《おも》し」と見《み》えることとであります。これによれば、この二祭《にさい》は天皇陛下《てんのうへいか》の為《ため》の祭祀《さいし》であり、神祇祭祀《じんぎさいし》の中《なか》でも最大《さいだい》の重儀《じゅうぎ》であるとともに、鎮魂祭《ちんこんさい》が大嘗祭《だいじょうさい》の前夜《ぜんや》に執《と》り行《おこな》われるということから、両祭《りょうさい》の間《あいだ》には密接《みっせつ》な関係《かんけい》があることが見《み》て取《と》れるのであります。

宮中《きゅうちゅう》の鎮魂祭《ちんこんさい》は、宇氣槽《うけぶね》撞《つ》きの儀《ぎ》、木綿結《ゆうむす》びの儀《ぎ》、御衣振動《ぎょいしんどう》の儀《ぎ》など象徴的《しょうちょうてき》儀礼《ぎれい》が中心《ちゅうしん》であり、神事《しんじ》の形式化《けいしきか》が認《みと》められますが、これに対《たい》して神宮《じんぐう》における「古式《こしき》の川原祓《かわはらばらえ》」の方《ほう》は、己《おのれ》の罪事《つみごと》を天照大御神《あまてらすおおみかみ》に告白《こくはく》し、深《ふか》く反省回心《はんせいかいしん》した後《あと》に祓《はら》えが執行《しっこう》されており、そこには本来《ほんらい》の清浄《せいじょう》な本体《ほんたい》に戻《もど》ろうとする熱烈《ねつれつ》な信仰《しんこう》が看取《かんしゅ》されるのであります。

このような視点《してん》から、『貞観儀式《じょうがんぎしき》』（八七二年以降《ねんいこう》の成立《せいりつ》）所収《しょしゅう》の「鎮魂祭《ちんこんさい》」と

『皇太神宮儀式帳《こうたいじんぐうぎしきちょう》』（八〇四年成立《ねんせいりつ》）所載《しょさい》の「古式《こしき》の川原祓《かわはらばらえ》」とを見比《みくら》べるならば、その成立年代《せいりつねんだい》もさることながら、おそらく神宮《じんぐう》の「古式《こしき》の川原祓《かわはらばらえ》」の方《ほう》が宮中《きゅうちゅう》の鎮《ちん》魂祭《こんさい》よりも古《ふる》い形態《けいたい》を伝《つた》えていると考《かんが》えられるのです。

このことは非常《ひじょう》に重要《じゅうよう》であります。なぜなら、鎮魂祭《ちんこんさい》と大嘗祭《だいじょうさい》の関係《かんけい》を考《かんが》える時《とき》、より古《ふる》い伝承《でんしょう》を伝《つた》えていると考《かんが》えられる神宮《じんぐう》の神嘗祭《かんなめさい》を見《み》れば両祭《りょうさい》の関係《かんけい》は一《いち》目瞭然《もくりょうぜん》だからです。すなわち、神嘗祭《かんなめさい》における「古式《こしき》の川原祓《かわはらばらえ》」は、神嘗祭《かんなめさい》から独立《どくりつ》しておらず、二度《にど》の由貴大御饌《ゆきのおおみけ》供進《きょうしん》の儀《ぎ》と一続《ひとつづ》きの祭儀《さいぎ》であり、神嘗祭《かんなめさい》の中《なか》に含《ふく》まれているのです。つまり、神嘗祭《かんなめさい》とは前夜《ぜんや》の神降《かみお》ろしの儀《ぎ》から始《はじ》まり、「古《こ》式《しき》の川原祓《かわはらばらえ》」の儀《ぎ》も含《ふく》めての名称《めいしょう》なのであります。

したがって、『皇太神宮儀式帳《こうたいじんぐうぎしきちょう》』所収《しょしゅう》の神嘗祭《かんなめさい》の中《なか》に「古式《こしき》の川原祓《かわはらばらえ》」が含《ふく》まれているということは、その淵源《えんげん》であり、その祭儀《さいぎ》構造《こうぞう》を一《ひと》つにすると考《かんが》えられる大《だい》嘗祭《じょうさい》（新嘗祭《にいなめさい》）と鎮魂祭《ちんこんさい》とは、本来《ほんらい》ひと続《つづ》きの祭祀《さいし》であり、古《ふる》くは大嘗祭《だいじょうさい》（新嘗《にいなめ》祭《さい》）の中《なか》に鎮魂祭《ちんこんさい》は含《ふく》まれていたと考《かんが》えられるのであります。

しかし、神宮《じんぐう》においても後世《こうせい》の『皇太神宮年中行事《こうたいじんぐうねんちゅうぎょうじ》』（建久三年《けんきゅうさんねん》・一一九二）になると、前夜《ぜんや》の琴《こと》を弾《ひ》いて「天照大御神《あまてらすおおみかみ》の神教《みおし》え」を賜《たま》わる神事《しんじ》は「御占神事《みうらしんじ》」に、禰宜《ねぎ》以下《いか》の祭祀《さいし》に奉仕《ほうし》する神職《しんしょく》の館《やかた》の祓《はら》えは「宿館祓清《しゅくかんふっせい》」に、また「古式《こしき》の川原祓《かわはらばらえ》」は「河原御祓《かわはらのおんはらえ》」等々《とうとう》に、細《こま》かく祭儀《さいぎ》が分《わ》かれているのです。

何《なに》よりも先《さき》に紹介《しょうかい》いたしました『宝基本記《ほうきほんぎ》』冒頭《ぼうとう》に記《しる》されてある垂仁天皇《すいにんてんのう》二十六年《にじゅうろくねん》の新嘗祭《にいなめさい》の夜《よる》、天照大御神《あまてらすおおみかみ》から発《はっ》せられた託宣《たくせん》は、重大《じゅうだい》です。再掲《さいけい》します。

天皇《てんのう》の即位《そくい》二十六年《にじゅうろくねん》の丁巳《ひのとみ》の冬十一月《ふゆじゅういちがつ》、新嘗会《にいなめえ》の祭《まつ》りの夜《よる》、神主部《かんぬしべ》・物忌《ものいみ》の八十氏等《やそうじら》に詔《のたま》はく、吾《われ》、今夜《こよい》、太神《おおかみ》の威命《いめい》を承《う》けて託宣《たくせん》する所《ところ》なり。神主部《かんぬしべ》・物忌等《ものいみら》よ、慎《つつし》みて懈《おこた》ること無《な》く、正《まさ》しく聞《き》け。人《ひと》は乃《すなわ》ち天下《あめのした》の神物《しんもつ》なり、須《すべか》らく静謐《せいひつ》を掌《つかさど》るべし。心《こころ》は乃《すなわ》ち神明《しんめい》の主《しゅ》たり、心神《しんしん》を傷《いた》ましむる莫《なか》れ。神《かみ》は垂《た》るるに、祈禱《きとう》を以《もっ》て先《さき》と為《な》し、冥《めい》は加《くは》ふるに、正直《せいちょく》を以《もっ》て本《もと》と為《な》す。（『神道大系《しんとうたいけい》』論説編五《ろんせつへんご》）。

この託宣《たくせん》は天照大御神《あまてらすおおみかみ》が伊勢《いせ》にご鎮座《ちんざ》された翌年《よくねん》の新嘗祭《にいなめさい》において告《つ》げられた神言《しんげん》であり、『宝基本記《ほうきほんぎ》』（正式名《せいしきめい》は『造伊勢二所太神宮宝基本記《ぞういせにしょだいじんぐうほうきほんぎ》』）撰述《せんじゅつ》の目的《もくてき》が式年遷宮《しきねんせんぐう》（大神嘗祭《だいかんなめさい》）にあると考《かんが》えるならば、後世《こうせい》の神嘗祭《かんなめさい》の神事《しんじ》を予想《よそう》させるものであります。言《い》い換《か》えるならば、神嘗祭《かんなめさい》の淵源《えんげん》は新嘗祭《にいなめさい》であるとする論拠《ろんきょ》の一《ひと》つであります。

また、このご鎮座翌年《ちんざよくねん》の新嘗祭夜《にいなめさいや》の託宣《たくせん》こそは、まさに宮中《きゅうちゅう》において大嘗祭《だいじょうさい》（新嘗祭《にいなめさい》）前夜《ぜんや》に執行《しっこう》される鎮魂祭《ちんこんさい》の神降《かみお》ろし神事《しんじ》における託宣《たくせん》の具体的《ぐたいてき》な内容《ないよう》そのものの古伝承《こでんしょう》なのです。少《すく》なくとも神宮祠官《じんぐうしかん》にとっては、鎮魂祭《ちんこんさい》を含《ふく》めた広義《こうぎ》の大嘗祭《だいじょうさい》（新嘗祭《にいなめさい》）の本質《ほんしつ》について、そのように理解《りかい》し信《しん》じていた証左《しょうさ》と考《かんが》えられるのであります。

というのは、神宮《じんぐう》と宮中《きゅうちゅう》の賢所《かしこどころ》とは不可分《ふかぶん》の関係《かんけい》にあるからです。畏《おそ》れ多《おお》いことでありますが、神宮祠官《じんぐうしかん》の職掌《しょくしょう》の眼目《がんもく》は、天皇陛下《てんのうへいか》の御意《ぎょい》（大御心《おおみこころ》）を中臣《なかつおみ》として天照大御神《あまてらすおおみかみ》に取《と》り持《も》ちすることを任《にん》とするものであります。

『皇太神宮年中行事《こうたいじんぐうねんちゅうぎょうじ》』（明応三年《めいおうさんねん》・一四九四）には、

それ皇太神宮《こうたいじんぐう》の禰宜《ねぎ》たる者《もの》は、天下《てんか》の御祈禱《ごきとう》を致《いた》す、国家第一《こっかだいいち》の重職《じゅうしょく》、朝家《ちょうか》清撰《せいせん》の器《き》なり。

という荒木田守晨《あらきだもりあさ》の言葉《ことば》が記載《きさい》されています。皇太神宮《こうたいじんぐう》の神職《しんしょく》は、ひたすら「天下《てんか》の御祈祷《ごきとう》」を致《いた》すことを職《しょく》とする。これは国家最大《こっかさいだい》の重職《じゅうしょく》であり、わが国《くに》で特《とく》に選《えら》ばれた者《もの》である、という天照大御神《あまてらすおおみかみ》に奉仕《ほうし》する者《もの》としての強《つよ》い自覚《じかく》と誇《ほこ》りとが窺《うかが》い知《し》られるのであります。

「天下《てんか》の御祈祷《ごきとう》」とは、全国《ぜんこく》の神社《じんじゃ》で奏上《そうじょう》されている学業成就《がくぎょうじょうじゅ》、合格祈願《ごうかくきがん》、厄除《やくよ》け、交通安全《こうつうあんぜん》、家内安全《かないあんぜん》、商売繁盛《しょうばいはんじょう》等々《などなど》の個人祈願《こじんきがん》ではありません。神宮祠官《じんぐうしかん》の職掌《しょくしょう》を考《かんが》えるならば、当然《とうぜん》、天皇陛下《てんのうへいか》の御祈《おんいの》りであります。

天皇陛下《てんのうへいか》のご祈願《きがん》の眼目《がんもく》は、先《さき》にも述《の》べましたように寶祚《あまつひつぎ》（天《あま》つ日《ひ》継《つ》ぎ）を守《まも》ることです。つまり、天壌無窮《てんじょうむきゅう》の神勅《しんちょく》に明《あき》らかなように、天照大御神《あまてらすおおみかみ》の「いのち」と一《ひと》つになってわが国《くに》を治《おさ》めるという日本国家《にほんこっか》の本質《ほんしつ》が永遠《えいえん》に守《まも》られることです。天皇陛下《てんのうへいか》の天照大御神《あまてらすおおみかみ》にご祈願《きがん》されることとは、すべて国家《こっか》の平安《へいあん》と国民《こくみん》の幸福《こうふく》であります。この天皇陛下《てんのうへいか》のご祈願《きがん》の大御心《おおみこころ》を神宮祠官《じんぐうしかん》は中臣《なかつおみ》として奉仕《ほうし》することによって、自《みずか》らのうちに実感《じっかん》し、天皇陛下《てんのうへいか》の御祈《おんいの》りと一《ひと》つになってご奉仕《ほうし》してきたのであります。

このように神嘗祭《かんなめさい》に代表《だいひょう》される神宮祭祀《じんぐうさいし》に奉仕《ほうし》する神宮祠官《じんぐうしかん》の祓《はら》えの眼目《がんもく》が、神《かん》嘗祭前夜《なめさいぜんや》の「天照大御神《あまてらすおおみかみ》の神教《みおし》え」そのものに存《そん》したように、宮中祭祀中《きゅうちゅうさいしちゅう》、最大《さいだい》の重儀《じゅうぎ》である大嘗祭《だいじょうさい》（新嘗祭《にいなめさい》）に奉仕《ほうし》する者《もの》の祓《はら》えの眼目《がんもく》もまた、鎮魂祭《ちんこんさい》における天照大御神《あまてらすおおみかみ》の託宣《たくせん》に存《そん》したと言《い》えるのです。

そして、その託宣《たくせん》の具体的内容《ぐたいてきないよう》とは、『宝基本記《ほうきほんぎ》』に記載《きさい》されてある「私《わたし》たちの本性《ほんせい》は神性《しんせい》なものであるから、絶対《ぜったい》に神様《かみさま》から賜《たまわ》った本体《ほんたい》（心神《しんしん》）を傷《きず》つけてはならない」という内容《ないよう》に近似《きんじ》したものであったと考《かんが》えられるのであります。「心神《しんしん》」とは寶祚《あまつひつぎ》（天《あま》つ日継《ひつ》ぎ）を守《まも》ること。天照大御神《あまてらすおおみかみ》より賜《たまわ》った天壌《てんじょう》無窮《むきゅう》の神勅《しんちょく》を守《まも》ることなのです。つまり、大嘗祭《だいじょうさい》（新嘗祭《にいなめさい》）に奉仕《ほうし》するということは、その前提条件《ぜんていじょうけん》として、神様《かみさま》から賜《たまわ》った清《きよ》らかな御心《みこころ》を我欲我見《がよくがけん》の異心《ことごころ》から祓《はら》って守《まも》り抜《ぬ》き、限《かぎ》りなく天照大御神《あまてらすおおみかみ》の御心《みこころ》に近《ちか》づかなければ、その祭祀《さいし》に奉仕《ほうし》することはできなかったのです。

　このように推考《すいこう》するならば、三種《さんしゅ》の象徴的儀礼《しょうちょうてきぎれい》の意義《いぎ》は、祓《はら》えによって荒《あら》ぶる異心《ことごころ》を鎮《しず》め、本来《ほんらい》の清《きよ》らかな御心《みこころ》を取《と》り戻《もど》すことにあるといえるでしょう。要《よう》するに、大嘗祭《だいじょうさい》（新嘗祭《にいなめさい》）に奉仕《ほうし》するものの祓《はら》えの眼目《がんもく》は、神嘗祭《かんなめさい》に奉仕《ほうし》する神宮祠官《じんぐうしかん》と同様《どうよう》に、「私《わたし》たちの本性《ほんせい》は神性《しんせい》なものである」という信仰《しんこう》であり、この一点《いってん》にこそ宮中祭祀《きゅうちゅうさいし》、神宮祭祀《じんぐうさいし》に奉仕《ほうし》する者《もの》が、自分自身《じぶんじしん》の罪穢《つみけが》れを祓《はら》い浄《きよ》めて本来《ほんらい》の清浄《せいじょう》な本体《ほんたい》に戻《もど》ろうとする天照大御神《あまてらすおおみかみ》への至深《ししん》の祈《いの》りが込《こ》められているのです。私《わたし》たちのこの身体《からだ》には、天地一貫《てんちいっかん》の「いのち」が流《なが》れているのであります。

何《なに》よりも宮中《きゅうちゅう》の鎮魂祭《ちんこんさい》においては御衣振動《ぎょいしんどう》の儀《ぎ》に見《み》るように、畏《おそ》れ多《おお》いことではありますが、その祓《はら》えに対《たい》する覚悟《かくご》は天皇陛下《てんのうへいか》といえども例外《れいがい》としなかったのです。君臣《くんしん》（天皇陛下《てんのうへいか》と国民《こくみん》）が一《ひと》つになって本来《ほんらい》の清浄《せいじょう》な本姿《ほんし》に復《ふく》し、大嘗祭《だいじょうさい》（新嘗《にいなめ》祭《さい》）の奉仕《ほうし》に篤《あつ》い祈《いの》りをささげたのであります。取《と》り分《わ》け大切《たいせつ》なことは、私《わたし》たちの本性《ほんせい》は神性《しんせい》なものであり、私《わたし》たちの心《こころ》のうちには神様《かみさま》（心神《しんしん》）が宿《やど》っているというものであります。

さらに注目《ちゅうもく》すべきことは、先《さき》の『宝基本記《ほうきほんぎ》』の新嘗祭夜《にいなめさいや》の託宣《たくせん》は天照大御神《あまてらすおおみかみ》に直接奉仕《ちょくせつほうし》する内宮祠官《ないくうしかん》（荒木田氏《あらきだし》）独自《どくじ》の伝承《でんしょう》であることです。外宮《げくう》の『止由気《とゆけ》宮儀式帳《ぐうぎしきちょう》』（八〇四）には記載《きさい》されていないのです。内宮《ないくう》だけに伝《つた》わっている伝承《でんしょう》なのです。

ですから、先《さき》にも述《の》べましたように、神宮祭祀《じんぐうさいし》と宮中祭祀《きゅうちゅうさいし》は、その祭祀構造《さいしこうぞう》が一《ひと》つで神宮祭祀《じんぐうさいし》は宮中祭祀《きゅうちゅうさいし》の延長線上《えんちょうせんじょう》にあると言《い》われていますが、この「私《わたし》たちの本性《ほんせい》は神性《しんせい》なもの」という信仰《しんこう》は、古《ふる》い宮中祭祀《きゅうちゅうさいし》の伝承《でんしょう》を継承《けいしょう》しているとても貴《とうと》い信仰《しんこう》なのであります。具体的《ぐたいてき》には、宮中《きゅうちゅう》の大嘗祭《だいじょうさい》（新嘗祭《にいなめさい》）前夜《ぜんや》の鎮魂祭《ちんこんさい》であります。

そして、この信仰《しんこう》こそが伊勢神道書《いせしんとうしょ》（神道五部書《しんとうごぶしょ》）の最初《さいしょ》の書物《しょもつ》と考《かんが》えられている『造伊勢二所太神宮宝基本記《ぞういせにしょだいじんぐうほうきほんぎ》』（建保二年《けんぽにねん》・一二一四年《ねん》の奥書《おくがき》）の心神思想《しんしんしそう》であり、また、伊勢流《いせりゅう》「中臣祓本《なかとみのはらえぼん》」（建保三年《けんぽさんねん》・一二一五年《ねん》の書写《しょしゃ》）の「清給《きよめたまふ》」から「清《きよめ》申《もうす》」への字句《じく》の転換《てんかん》なのであります。

伊勢流中臣祓《いせりゅうなかとみのはらえ》（※大祓詞《おおはらえのことば》のことです。六月《ろくがつ》と十二月《じゅうにがつ》の晦日《みそか》の大祓式《おおはらえしき》に中臣《なかとみ》氏《し》が宣読《せんどく》したことにより、中臣祭文《なかとみのさいもん》とも、中臣祓詞《なかとみのはらえことば》とも、略《りゃく》して中臣祓《なかとみのはらえ》とも呼《よ》ばれました）の最大《さいだい》の特徴《とくちょう》は、「祓申清申《はらへもうすきよめもうす》」という自力的祓《じりきてきはらえ》の形式《けいしき》であります。同時《どうじ》にそれは、自《みずか》らの祓《はら》えの努力《どりょく》によって罪穢《つみけが》れを去《さ》り清浄《せいじょう》の本姿《ほんし》に復《ふく》し、それを天照大御神《あまてらすおおみかみ》に御照覧《ごしょうらん》仰《あお》ぐ自覚《じかく》であります。

伊勢流中臣祓《いせりゅうなかとみのはらえ》も「大祓詞《おおはらえのことば》」と同《おな》じように、当初《とうしょ》（初期《しょき》の形式《けいしき》）は「祓給清《はらへたまひきよめ》給《たまふ》」でした。それが鎌倉時代《かまくらじだい》の初期頃《しょきごろ》に、先《さき》ほど述《の》べましたように、当時《とうじ》の時代背《じだいはい》景《けい》であります末法思想《まっぽうしそう》に対峙《たいじ》して、神宮祠官《じんぐうしかん》が神宮《じんぐう》に伝《つた》わる古伝承《こでんしょう》を研究《けんきゅう》する中《なか》で、私《わたし》たちの本性《ほんせい》を回復《かいふく》するならば末法思想《まっぽうしそう》を乗《の》り越《こ》えることができるという神道家《しんとうか》による神々信仰《かみがみしんこう》の初《はじ》めての言葉化《ことばか》を図《はか》りました。これが、いわゆる伊勢神道《いせしんとう》です。私《わたし》たちの心《こころ》の中《なか》に先祖《せんぞ》の神様《かみさま》が宿《やど》っているという信仰《しんこう》です。ですから祭《まつ》りとは、先祖《せんぞ》の神様《かみさま》の「いのち」と一《ひと》つになる儀式《ぎしき》なのです。

その最初《さいしょ》の書物《しょもつ》が『造伊勢二所太神宮宝基本記《ぞういせにしょだいじんぐうほうきほんぎ》』で、奥書《おくがき》の建保二年《けんぽにねん》（一二一四）頃《ころ》に成立《せいりつ》したと言《い》われています。そして、神宮祠官《じんぐうしかん》の心《こころ》のうちに清《きよ》らかな本性《ほんせい》に対《たい》する強《つよ》い自覚《じかく》が生《う》まれ、伊勢流中臣祓《いせりゅうなかとみのはらえ》の「清給《きよめたまふ》」を「清申《きよめもうす》」へと字句《じく》を転換《てんかん》させたのであります。それが、既述《きじゅつ》の建保三年《けんぽさんねん》（一二一五）書写《しょしゃ》の中臣祓本《なかとみのはらえぼん》であります。

伊勢神道思想《いせしんとうしそう》の眼目《がんもく》は、心神思想《しんしんしそう》です。それは私《わたし》たちの本性《ほんせい》は神性《しんせい》なものであり、私《わたし》たちは元来《がんらい》、神々《かみがみ》と寸分《すんぶん》も違《たが》わない貴《とうと》い存在《そんざい》というものです。ですから、その天《あま》つ神《かみ》から賜《たま》わった「心神《しんしん》」を命《いのち》がけで守《まも》るのです。これが神嘗祭《かんなめさい》の眼目《がんもく》であり、また同時《どうじ》に大嘗祭《だいじょうさい》（新嘗祭《にいなめさい》）に奉仕《ほうし》するものの眼目《がんもく》なのであります。

そして、この一点《いってん》にこそ宮中祭祀《きゅうちゅうさいし》、神宮祭祀《じんぐうさいし》に奉仕《ほうし》するものの天照大御神《あまてらすおおみかみ》への篤《あつ》い祈《いの》りが込《こ》められているとともに、これは取《と》りも直《なお》さずわが国《くに》の神社祭祀《じんじゃさいし》の根本《こんぽん》に位置《いち》する信仰《しんこう》なのであります。私《わたし》たちは、一人《ひとり》ひとり神々《かみがみ》と同体《どうたい》のとてもすばらしい存在《そんざい》なのです。ただものではないのであります。これが本来《ほんらい》の日本人《にほんじん》の信仰《しんこう》です。

それ故《ゆえ》に、私《わたし》たちの心《こころ》のうちにある神様《かみさま》（心神《しんしん》）を大切《たいせつ》に守《まも》り、悪口《わるくち》、嫉妬《しっと》、傲《ごう》慢《まん》などの異心《ことごころ》によって覆《おお》ってしまわないよう、常《つね》に祓《はら》えの努力《どりょく》をしなければならないと考《かんが》えることが、古《ふる》くからの日本人《にほんじん》の素直《すなお》な心《こころ》であったのであります。ですから、祓《はら》えとは不断《ふだん》の努力《どりょく》なのです。毎日《まいにち》、庭掃除《にわそうじ》するように、私《わたし》たちも心《こころ》の中《なか》の庭《にわ》を毎《まい》日祓《にちはら》い続《つづ》けることが、何《なに》よりも大事《だいじ》です。

むすび

大嘗祭《だいじょうさい》（新嘗祭《にいなめさい》）を考《かんが》えることは、すなわち、私《わたし》たち一人一人《ひとりひとり》が、自分自身《じぶんじしん》の神霊《しんれい》（心神《しんしん》）を考《かんが》えることに外《ほか》ならないのであります。その理由《りゆう》は、私《わたし》たちの心《こころ》の中《なか》に神様《かみさま》が宿《やど》っているからです。

いま生《い》きている私《わたし》たちの心《こころ》のうちに、常《つね》に神代《かみよ》の神々《かみがみ》の「いのち」、わが国一貫《くにいっかん》の「いのち」が生《い》き続《つづ》けているのであります。その一貫《いっかん》の「いのち」を神代《かみよ》から君《くん》臣《しん》（天皇陛下《てんのうへいか》と国民《こくみん》）ともに守《まも》り続《つづ》けてきたのが大嘗祭《だいじょうさい》（新嘗祭《にいなめさい》）の眼目《がんもく》であり、日本国家《にほんこっか》の本質《ほんしつ》なのであります。何《なに》よりこの神代以来《かみよいらい》の「いのち」を悠久《ゆうきゅう》の歴史《れきし》の中《なか》で今日《こんにち》まで守《まも》ってきた事実《じじつ》が、わが国《くに》の他国《たこく》と全《まった》く異《こと》なる特質《とくしつ》であります。

かつて、北畠親房公《きたばたけちかふさこう》は、末法思想《まっぽうしそう》の蔓延《まんえん》とともに南北朝《なんぼくちょう》に分《わ》かれて争《あらそ》っている動乱《どうらん》の世《よ》の中《なか》にあって『神皇正統記《じんのうしょうとうき》』を著《あらわ》し、すべての日本人《にほんじん》に対《たい》してその本来《ほんらい》のあるべき姿《すがた》、自《みずか》らの「いのち」の本源《ほんげん》への回帰《かいき》、天《あま》つ神《かみ》（心神《しんしん》）への回帰《かいき》を叫《さけ》んだのであります。その際《さい》に依拠《いきょ》したのが伊勢《いせ》の天照大御神《あまてらすおおみかみ》からの託宣《たくせん》（心神《しんしん》）です。換言《かんげん》すれば、大嘗祭《だいじょうさい》（新嘗祭《にいなめさい》）の「こころ」なのであります。

すなわち、私《わたし》たちの本来《ほんらい》の神性《しんせい》な心《こころ》を取《と》り戻《もど》すならば、末世《まっせ》ともいうべき状況《じょうきょう》下《か》にあるわが国《くに》の現状《げんじょう》を超克《ちょうこく》できるという信念《しんねん》であります。この自《みずか》らのあるべき姿《すがた》への回復《かいふく》こそが、わが国《くに》の命脈《めいみゃく》であり、大嘗祭《だいじょうさい》（新嘗祭《にいなめさい》）を通《とお》して神代《かみよ》より守《まも》ってきたわが国一貫《くにいっかん》の「いのち」なのです。これは論理的《ろんりてき》な思想《しそう》ではないです。その奥《おく》に隠《かく》れている初《はじ》めからある「いのち」のことなのです。

今何《いまなに》よりもこの自我《じが》の奥《おく》に厳然《げんぜん》と存在《そんざい》している「いのち」に軸足《じくあし》をおくことが求《もと》められています。もしこの大事《だいじ》を忘却《ぼうきゃく》するならば、後世《こうせい》に取《と》り返《かえ》しがつかないことになるのであります。

繰《く》り返《かえ》しますが、大嘗祭《だいじょうさい》（新嘗祭《にいなめさい》）の本質《ほんしつ》は、私《わたし》たち自身《じしん》の「いのち」を考《かんが》えることです。国家《こっか》の命脈《めいみゃく》もこの一点《いってん》に存《そん》します。近代文明社会《きんだいぶんめいしゃかい》の行《い》き詰《づ》まりの超克《ちょうこく》もまた、このわが国《くに》の国柄《くにがら》に明示《めいじ》されています。何《なに》よりわが国《くに》の真《しん》の復興《ふっこう》は、私《わたし》たち一人《ひとり》ひとりが自分自身《じぶんじしん》の神性《しんせい》の本姿《ほんし》への回帰《かいき》にあることを強調《きょうちょう》いたしまして、拙《つたな》い話《はなし》を終《お》えたいと思《おも》います。

第《だい》二《に》章《しょう》　神宮《じんぐう》における神嘗祭《かんなめさい》の眼目《がんもく》

はじめに

先日《せんじつ》は宮中《きゅうちゅう》の新嘗祭《にいなめさい》につきまして話《はなし》をいたしましたが、その宮中《きゅうちゅう》の新嘗祭《にいなめさい》、大《だい》嘗《じょう》祭《さい》と対応関係《たいおうかんけい》にありますのが、伊勢神宮《いせじんぐう》の神嘗祭《かんなめさい》であり、式年遷宮《しきねんせんぐう》（大神嘗《だいかんなめ》祭《さい》）であります。なぜ対応関係《たいおうかんけい》にあるかと言《い》えば、神宮《じんぐう》のご祭神《さいじん》の天照大御神《あまてらすおおみかみ》はもともと皇居《こうきょ》に祀《まつ》られていたからです。

そこでまず、天照大御神《あまてらすおおみかみ》の伊勢《いせ》ご鎮座《ちんざ》の経緯《けいい》について見《み》てゆきたいと思《おも》います。

天上界《てんじょうかい》である高天原《たかまのはら》をお治《おさ》めになられている天照大御神《あまてらすおおみかみ》の御孫様《おまごさま》（皇御孫《すめみま》の命《みこと》）

であられる天津日子番能邇邇芸命《あまつひこほのににぎのみこと》が、高天原《たかまのはら》からこの葦原《あしはら》の中国《なかつくに》に天降《あまくだ》られるのであります。

なぜ天降《あまくだ》られたかと言《い》いますと、この葦原《あしはら》の中国《なかつくに》を高天原《たかまのはら》にしようという私《わたし》たちの遠《とお》い先祖《せんぞ》の壮大《そうだい》な理想実現《りそうじつげん》のためなのです。この一事《いちじ》をもっても、いかに私《わたし》たちの先祖《せんぞ》が、高《たか》い理想《りそう》を持《も》っていたかが分《わ》かるのであります。

わが国《くに》は神代《かみよ》の昔《むかし》から大宇宙《だいうちゅう》の本源《ほんげん》にある天照大御神《あまてらすおおみかみ》の御心《みこころ》をこの世《よ》に現《あら》わし、国民《こくみん》の幸福《こうふく》と国家《こっか》の平安《へいあん》を実現《じつげん》することを国家《こっか》の大方針《だいほうしん》として、天孫《てんそん》・天津日子番能邇邇芸命《あまつひこほのににぎのみこと》が、天照大御神《あまてらすおおみかみ》の御魂《みたま》の依《よ》り代《しろ》であります三種《さんしゅ》の神器《じんぎ》とともにご降臨《こうりん》されたのであります。

これは観念的《かんねんてき》なことではなく、私《わたし》たち一人《ひとり》ひとりの心中《しんちゅう》の高天原《たかまのはら》を出《だ》すことなのです。高天原《たかまのはら》とは、自我《じが》（論理《ろんり》）の奥《おく》に隠《かく》れている「いのち」のことです。私《わたし》たちの先祖《せんぞ》は、大宇宙本源《だいうちゅうほんげん》の「いのち」が、自分自身《じぶんじしん》の身体《からだ》の中《なか》にも流《なが》れていることが分《わ》かっていたのであります。今《いま》、私《わたし》たちは、この自分《じぶん》の中《なか》に流《なが》れている「いのち」

が見《み》えていないのです。

ですから、眼《め》の前《まえ》の山《やま》、川《かわ》、大地《だいち》、海《うみ》、木《き》、風《かぜ》などの背後《はいご》にある「いのち」が不《ふ》明《めい》となり、単《たん》なる対象物《たいしょうぶつ》として認識《にんしき》しているだけなのであります。『古事記《こじき》』、『日《に》本書紀《ほんしょき》』の冒頭《ぼうとう》の記述通《きじゅつどお》り、初《はじ》めから天地《あめつち》という大自然《だいしぜん》が存在《そんざい》しているのです。私《わたし》たちは大自然《だいしぜん》に生《い》かされて生《い》きている存在《そんざい》です。私《わたし》たちが大自然《だいしぜん》を生《い》かしているのでなく、初《はじ》めからある「いのち」である大自然《だいしぜん》が私《わたし》たちを生《い》かしてくれているのです。

本来《ほんらい》、天地万物《てんちばんぶつ》は一《ひと》つの「いのち」です。しかし、それは存在世界《そんざいせかい》を超越《ちょうえつ》している一神教《いっしんきょう》の神《かみ》とは異《こと》なります。存在世界《そんざいせかい》の一切《いっさい》の「いのち」は一《ひと》つでありますが、同時《どうじ》に八百万《やおよろず》の神々《かみがみ》の「いのち」なのです。初《はじ》めから存在《そんざい》している「いのち」が、姿《すがた》を変《か》えて個別《こべつ》の存在《そんざい》に現《あら》われた「いのち」である神々《かみがみ》の働《はたら》きを見《み》て、様々《さまざま》なご神《しん》名《めい》で呼《よ》んでいるのであります。このことは、自分自身《じぶんじしん》の身体《からだ》の中《なか》に流《なが》れている「いのち」を感得《かんとく》できれば、明瞭《めいりょう》に知《し》ることができます。

『日本書紀《にほんしょき》』の一書《いっしょ》には、天孫降臨《てんそんこうりん》の際《さい》、天照大御神《あまてらすおおみかみ》より邇邇芸命《ににぎのみこと》に下《くだ》された「天壌無窮《てんじょうむきゅう》の神勅《しんちょく》」が今日《こんにち》に伝《つた》わっています。

葦原《あしはら》の千五百秋《ちいほあき》の瑞穂《みつほ》の國《くに》は、是《これ》、吾《わ》が子孫《うみのこ》の王《きみ》たるべき地《くに》なり。爾皇孫《いましすめみま》、就《い》でまして治《しら》せ。行矣《さきくませ》。寶祚《あまつひつぎ》の隆《さか》えまさむこと、當《まさ》に天壌《あめつち》と窮《きはま》り無《な》けむ。

この神勅《しんちょく》は、わが国《くに》のよって立《た》つべき万古不易《ばんこふえき》の命題《めいだい》です。歴代《れきだい》の天皇陛下《てんのうへいか》は、この神勅《しんちょく》の実現《じつげん》のために御力《おんちから》を与《あた》えてください、とご祈願《きがん》し続《つづ》けて来《こ》られているのであります。畏《おそ》れ多《おお》いことではありますが、天皇陛下《てんのうへいか》のご責務《せきむ》とは「天壌無窮《てんじょうむきゅう》の神勅《しんちょく》」の実現《じつげん》にあります。その実現《じつげん》に努《つと》められるところ、天照大御神《あまてらすおおみかみ》は今《いま》ここにおられるのであります。

何《なに》よりもここで重要《じゅうよう》なことは、「寶祚《あまつひつぎ》」の解釈《かいしゃく》です。一般《いっぱん》には、天照大御神《あまてらすおおみかみ》のご子孫《しそん》であります天皇《てんのう》の御地位《おんちい》が、天地《てんち》のある限《かぎ》り永久《えいきゅう》に続《つづ》く意《い》と解釈《かいしゃく》されています。

しかし、そうではないです。これは天皇陛下《てんのうへいか》個人《こじん》の「いのち」に基《もと》づく御地位《おんちい》のことではなく、天照大御神《あまてらすおおみかみ》の「いのち」と一《ひと》つになって、わが国《くに》を統治《とうち》するという日《に》本国家《ほんこっか》の本質《ほんしつ》、特質《とくしつ》が永遠《えいえん》に守《まも》られると捉《とら》えるべきと考《かんが》えられます（『崎門三先生《きもんさんせんせい》の學問《がくもん》』参照《さんしょう》）。

天皇陛下《てんのうへいか》の個人《こじん》の「いのち」と捉《とら》えると、わが国《くに》の本質《ほんしつ》が不明《ふめい》になるとともに、天皇陛下《てんのうへいか》の「いのち」と私《わたし》たちの「いのち」が隔絶《かくぜつ》したものとなります。君臣《くんしん》（天《てん》皇陛下《のうへいか》と国民《こくみん》）は一如《いちにょ》です。天皇陛下《てんのうへいか》と私《わたし》たちは親子《おやこ》の関係《かんけい》にあり、その本質《ほんしつ》は一《ひと》つであります。

これは大宇宙《だいうちゅう》の本源《ほんげん》にある天照大御神《あまてらすおおみかみ》の御心《みこころ》を現実《げんじつ》のこの世界《せかい》に現《あら》わすことなのです。私《わたし》たちの遠《とお》い先祖《せんぞ》は、自分自身《じぶんじしん》の中《なか》に流《なが》れている大宇宙本源《だいうちゅうほんげん》の「いのち」を感得《かんとく》していたのです。生《い》かされて生《い》きていることが分《わ》かっていたのです。そして、その「いのち」を現実世界《げんじつせかい》に現《あら》わすことが祓《はら》えなのです。

つまり、天孫降臨《てんそんこうりん》の意義《いぎ》とは、先《さき》にも触《ふ》れましたが、三種《さんしゅ》の神器《じんぎ》（八尺《やさか》の勾玉《まがたま》、八咫鏡《やたのかがみ》、草薙《くさなぎ》の太刀《たち》）に込《こ》められた天照大御神《あまてらすおおみかみ》の御心《みこころ》をこの世《よ》に現《あら》わし、その御《み》心《こころ》で国《くに》を治《おさ》め、国民《こくみん》が平安《へいあん》に幸福《こうふく》に暮《く》らせる国家《こっか》をつくり上《あ》げるという私《わたし》たちの遠《とお》い先祖《せんぞ》の壮大《そうだい》なわが国建国《くにけんこく》の理想実現《りそうじつげん》なのであります。

畏《おそ》れ多《おお》いことでありますが、天皇陛下《てんのうへいか》とともに私《わたし》たち国民《こくみん》も共《とも》に、我欲我見《がよくがけん》という異心《ことごころ》を祓《はら》い、すでに神与《しんよ》されている天照大御神《あまてらすおおみかみ》の御心《みこころ》で身《み》を修《おさ》めるならば、国《こっ》家《か》の弥栄《いやさか》は、まさに天地《てんち》とともに窮《きわ》まりないのであります。

それは天照大御神《あまてらすおおみかみ》の御心《みこころ》が天地《てんち》の心《こころ》に他《ほか》ならないからです。これがわが国《くに》の道《どう》義《ぎ》の根源《こんげん》に位置《いち》する信仰《しんこう》であります。それ故《ゆえ》に私《わたし》たちの心《こころ》が傲慢《ごうまん》となり、本来《ほんらい》の天《てん》地《ち》の心《こころ》から離《はな》れるならば、人類《じんるい》は滅《ほろ》びの道《みち》を歩《あゆ》むことになるでしょう。このことは今《いま》、人類《じんるい》が直面《ちょくめん》している大問題《だいもんだい》であります。私《わたし》たち日本人《にほんじん》の使命《しめい》は重大《じゅうだい》なのであります。

自分《じぶん》の本質《ほんしつ》と国家《こっか》の本質《ほんしつ》、そして大宇宙《だいうちゅう》の本質《ほんしつ》が一《ひと》つなのです。ですから、自己《じこ》を明《あき》らかにすることが何《なに》よりも大事《だいじ》です。私《わたし》の学《まな》びも当初《とうしょ》は、病気《びょうき》で苦悩《くのう》している弱《よわ》い心《こころ》を救《すく》うことでした。苦《くる》しみ悩《なや》む心《こころ》を神道《しんとう》によって救《すく》われたいと考《かんが》え國學院大《こくがくいんだい》學《がく》に入学《にゅうがく》しました。そして学《まな》びを重《かさ》ねて行《い》く中《なか》で、自分《じぶん》の「いのち」が国《くに》の「いのち」に繋《つな》がっていることを知《し》ったのです。私《わたし》たちの本質《ほんしつ》も天照大御神《あまてらすおおみかみ》なのです。これが伊勢神宮《いせじんぐう》の古《ふる》い信仰《しんこう》であり、本日《ほんじつ》のテーマであります神嘗祭《かんなめさい》の眼目《がんもく》でもあります。

ここがユダヤ・キリスト教《きょう》などの終末思想《しゅうまつしそう》や仏教《ぶっきょう》の末法思想《まっぽうしそう》（正法《しょうぼう》、像法《ぞうぼう》、末法《まっぽう》）と決定的《けっていてき》に違《ちが》うところです。天照大御神《あまてらすおおみかみ》の御心《みこころ》と一《ひと》つになって統治《とうち》することこそが、わが国《くに》の統治《とうち》の本質《ほんしつ》なのであります。

天照大御神《あまてらすおおみかみ》の御心《みこころ》とは、天地自然《てんちしぜん》が万物《ばんぶつ》を生《しょう》じ育《そだ》てる御心《みこころ》ですから、すべての人《ひと》がそれぞれの資質《ししつ》に応《おう》じて活躍《かつやく》し、幸福《こうふく》になるように祈《いの》る大御心《おおみこころ》です。人間社会《にんげんしゃかい》の定《さだ》める倫理《りんり》、道徳《どうとく》による祈《いの》りでなく、「いのち」の本源《ほんげん》への回帰《かいき》の祈《いの》りです。天《てん》皇陛下《のうへいか》は、陛下《へいか》を否定《ひてい》する人《ひと》の幸《しあわ》せも祈《いの》っているのです。

善《よ》い人《ひと》も悪《わる》い人《ひと》も。たとえ悪《わる》い人《ひと》であっても、良《よ》くなれ、良《よ》くなれと祈《いの》る大御《おおみ》心《こころ》。罪《つみ》を憎《にく》んで人《ひと》を憎《にく》まずなのです。犯《おか》した罪《つみ》は憎《にく》むが、罪《つみ》を犯《おか》した人《ひと》そのものまで憎《にく》んではいけないというものです。差別《さべつ》がないのです。一如《いちにょ》の祈《いの》りです。無論《むろん》、私《わたし》たちが社会生活《しゃかいせいかつ》を営《いとな》む上《うえ》で定《さだ》めるルールを守《まも》るのは当然《とうぜん》です。しかし、軸足《じくあし》はその奥《おく》なのです。これがわが国《くに》の特色《とくしょく》であり、すべての日本人《にほんじん》が知《し》らなければならない大事《だいじ》なことであります。

また、『日本書紀《にほんしょき》』には、

吾《わ》が児《こ》、此《こ》の宝鏡《たからのかがみ》を視《み》まさむこと、当《まさ》に吾《われ》を視《み》るがごとくすべし。与《とも》に床《ゆか》を同《おな》じくし殿《おほとの》を共《ひとつ》にして、斎鏡《いはひのかがみ》となすべし。

という「宝鏡奉斎《ほうきょうほうさい》の神勅《しんちょく》」が伝《つた》えられています。御鏡《みかがみ》を始《はじ》め三種《さんしゅ》の神器《じんぎ》は、単《たん》なる宝物《たからもの》ではなく、すべて天照大御神《あまてらすおおみかみ》の御霊《みたま》の依《よ》り代《しろ》であり、天照大御神《あまてらすおおみかみ》が祀《まつ》られているのであります。

天皇陛下《てんのうへいか》が崩御《ほうぎょ》されますと、間断《かんだん》をおかずに即位《そくい》の儀式《ぎしき》が執《と》り行《おこな》われます。その眼目《がんもく》は三種《さんしゅ》の神器《じんぎ》を先帝陛下《せんていへいか》より継受《けいじゅ》することにあります。畏《おそ》れ多《おお》くも天皇陛下《てんのうへいか》の天皇陛下《てんのうへいか》たるゆえんは、三種《さんしゅ》の神器《じんぎ》をお持《も》ちになっているかどうかなのです。

平成《へいせい》の幕開《まくあ》けとなった昭和《しょうわ》六十四年《ろくじゅうよねん》（一九八九）一月七日午前十時《いちがつなのかごぜんじゅうじ》、皇居正殿《こうきょせいでん》松《まつ》の間《ま》にて、天皇陛下《てんのうへいか》が昭和天皇《しょうわてんのう》から三種《さんしゅ》の神器《じんぎ》を受《う》け継《つ》ぐ、「剣璽等承継《けんじとうしょうけい》の儀《ぎ》」が執《と》り行《おこな》われました。侍従《じじゅう》が剣璽《けんじ》を捧《ささ》げ持《も》ち、天皇陛下《てんのうへいか》の前《まえ》に立《た》って深《ふか》く拝礼《はいれい》している姿《すがた》がテレビ中継《ちゅうけい》されたのであります。

当時《とうじ》、私《わたし》は極度《きょくど》の過労《かろう》で倒《たお》れ病床《びょうしょう》にありました。異心《ことごころ》が毎日《まいにち》のように襲《おそ》ってきて、とても苦《くる》しく針《はり》の莚《むしろ》の上《うえ》に居《い》るような日々《ひび》を過《す》ごしておりました。もし、この世《よ》に永遠《えいえん》の「いのち」、根源的《こんげんてき》な「いのち」があるなら一《ひと》つになりたいと思《おも》い、必死《ひっし》に祈《いの》っていたのであります。

しかし、いくら祈《いの》っても本源《ほんげん》の「いのち」と一《ひと》つにならないのです。ですから、仕舞《しま》いには、その祈《いの》ることもいやになり、すべてを放念《ほうねん》すると、とても清々《すがすが》しい心《こころ》になるという不思議《ふしぎ》な体験《たいけん》を何度《なんど》かいたしました。

そのような折《おり》、テレビ中継《ちゅうけい》を観《み》て、根源的《こんげんてき》な「いのち」として探《さが》し求《もと》めていたものが具体的《ぐたいてき》な形《かたち》を持《も》って眼《め》の前《まえ》に提示《ていじ》された感動《かんどう》を覚《おぼ》えたのであります。三種《さんしゅ》の神器《じんぎ》は天照大御神《あまてらすおおみかみ》の御霊《みたま》の依《よ》り代《しろ》だからです。根源的《こんげんてき》な「いのち」は、遠《とお》くでなく、今《いま》ここにあったのです。

「剣璽等承継の儀《けんじとうしょうけいのぎ》」と同時刻《どうじこく》には、宮中三殿《きゅうちゅうさんでん》の賢所《かしこどころ》で「賢所の儀《かしこどころのぎ》」が執《と》り行《おこな》われました。御鏡《みかがみ》は賢所《かしこどころ》に祀《まつ》られているため、祭《まつ》りを行《おこな》って承継《しょうけい》したことを奉告《ほうこく》するのです。宮中《きゅうちゅう》の御鏡《みかがみ》は、伊勢《いせ》のご神体《しんたい》の御鏡《みかがみ》と一体不可分《いったいふかぶん》の関係《かんけい》なので動座《どうざ》はないからです。即位儀礼《そくいぎれい》が滞《とどこお》りなくすむと、天皇陛下《てんのうへいか》は神宮《じんぐう》に参拝《さんぱい》されるのであります。

歴代《れきだい》の天皇陛下《てんのうへいか》が自分自身《じぶんじしん》の利害《りがい》とか禍福《かふく》は顧《かえり》みられることなくひたすら国《くに》の平和《へいわ》と国民《こくみん》の幸福《こうふく》を皇祖皇宗《こうそこうそう》（天照大御神《あまてらすおおみかみ》を始《はじ》め歴代《れきだい》の天皇《てんのう》）に祈《いの》り続《つづ》けて来《こ》られたのが、わが国《くに》の皇室《こうしつ》です。その御祈《おんいの》りのお姿《すがた》、御祈《おんいの》りのうちに、天照大御神《あまてらすおおみかみ》が今《いま》も生《い》き続《つづ》けておられるのであります。これは観念的《かんねんてき》なことではなく事実《じじつ》です。

したがって、三種《さんしゅ》の神器《じんぎ》の継承《けいしょう》とは、単《たん》に三種《さんしゅ》の神器《じんぎ》という宝物《たからもの》を伝《つた》えることではなく、三種《さんしゅ》の神器《じんぎ》の継受《けいじゅ》を通《とお》して、大宇宙本源《だいうちゅうほんげん》にある天照大御神《あまてらすおおみかみ》の御心《みこころ》を伝《つた》え、受《う》け継《つ》ぐことなのです。つまり、歴代《れきだい》の天皇陛下《てんのうへいか》は、我欲我見《がよくがけん》という私心《ししん》を祓《はら》って、天照大御神《あまてらすおおみかみ》の御心《みこころ》と一《ひと》つになり、その御心《みこころ》で国家《こっか》を治《おさ》めてきたのでありあます。これがわが国《くに》の統治《とうち》の本質《ほんしつ》です。

このように天照大御神《あまてらすおおみかみ》から邇邇芸命《ににぎのみこと》に与《あた》えられた三種《さんしゅ》の神器《じんぎ》は、火遠理命《ほをりのみこと》（山幸彦《やまさちひこ》）、鵜葺草葺不合命《うかやふきあへずのみこと》を経《へ》て初代神武天皇《しょだいじんむてんのう》に受《う》け継《つ》がれてきたのであります。

さらに、②綏靖天皇《すいぜいてんのう》③安寧天皇《あんねいてんのう》④懿徳天皇《いとくてんのう》⑤孝昭天皇《こうしょうてんのう》⑥孝安天皇《こうあんてんのう》⑦孝霊天皇《こうれいてんのう》⑧孝元天皇《こうげんてんのう》⑨開化天皇《かいかてんのう》⑩崇神天皇《すじんてんのう》と受《う》け継《つ》がれてきました。しかし、第十代《だいじゅうだい》崇神天《すじんてん》皇《のう》の時代《じだい》に疫病《えきびょう》が蔓延《まんえん》して国民《こくみん》の大半《たいはん》が死《し》んでしまうという危機《きき》を迎《むか》えます。この危機《きき》に乗《じょう》じて中《なか》には反乱《はんらん》を企《くわだ》てるものも現《あらわ》れたのです。

崇神天皇《すじんてんのう》は朝早《あさはや》くから夜遅《よるおそ》くまでお祈《いの》りいたしましたが、状況《じょうきょう》は一向《いっこう》によくなりません。天皇《てんのう》は神様《かみさま》の勢《いきお》い（神威《しんい》）を畏《おそ》れられ、これまで天皇《てんのう》の御殿《ごてん》の内《うち》にお祀《まつ》りしてきた天照大御神《あまてらすおおみかみ》を皇女豊鍬入姫命《こうじょとよすきいりびめのみこと》に命《めい》じ、大和《やまと》の笠縫邑《かさぬいのむら》（元伊勢《もといせ》、檜原神社《ひばらじんじゃ》周辺《しゅうへん》とされる）にお祀《まつ》りすることになりました。天照大御神《あまてらすおおみかみ》から直接《ちょくせつ》、邇邇芸命《ににぎのみこと》が授《さず》かった宝鏡《たからのかがみ》と宝剣《たからのつるぎ》は笠縫邑《かさぬいのむら》にお祀《まつ》り申《もう》し上《あ》げましたが、宮中《きゅうちゅう》（皇居《こうきょ》）では写《うつ》しの鏡《かがみ》と剣《つるぎ》をお造《つく》り申《もう》し上《あ》げ、分霊《わけみたま》を今《いま》まで通《どお》り、より鄭重《ていちょう》にお祀《まつ》り申《もう》し上《あ》げたのであります。

次《つ》いで第十一代垂仁天皇《だいじゅういちだいすいにんてんのう》の時代《じだい》になると、天皇《てんのう》はさらに神々《かみがみ》の祭《まつ》りを鄭重《ていちょう》に整《ととの》えようとお考《かんが》えになり、皇女《こうじょ》の倭姫命《やまとひめのみこと》に天照大御神《あまてらすおおみかみ》を祀《まつ》るに相応《ふさわ》しい場所《ばしょ》を調《しら》べさせました。倭姫命《やまとひめのみこと》は御鏡《みかがみ》と御剣《おんつるぎ》を奉《ほう》じ、天照大御神《あまてらすおおみかみ》の鎮《しず》めるべきところを求《もと》めて、大和《やまと》の笠縫邑《かさぬいのむら》から伊賀《いが》、近江《おうみ》、美濃《みの》など各地《かくち》を巡幸《じゅんこう》され、ついに伊勢《いせ》の五十《いす》鈴川《ずがわ》の川上《かわかみ》に適地《てきち》を見《み》つけ、ここに天照大御神《あまてらすおおみかみ》の宮殿《きゅうでん》をご造営《ぞうえい》申《もう》し上《あ》げました。

『日本書紀《にほんしょき》』によれば、次《つぎ》のような天照大御神《あまてらすおおみかみ》から倭姫命《やまとひめのみこと》に託宣《たくせん》を得《え》て、五十鈴《いすず》川《がわ》のほとりにご鎮座《ちんざ》されたのが内宮《ないくう》の始《はじ》まりと伝《つた》えられています。

是《こ》の神風《かみかぜ》の伊勢國《いせのくに》は、常世《とこよ》の浪《なみ》の重浪歸《しきなみよ》する國《くに》なり。傍國《かたくに》の可怜《うま》し國《くに》なり。是《こ》の國《くに》に居《を》らむと欲《おも》ふ。

「神風《かみかぜ》の」は伊勢《いせ》にかかる枕《まくら》ことばです。ですから、その意味《いみ》は、「伊勢《いせ》の国《くに》は、永遠《えいえん》の生命《いのち》の国《くに》から、しきりに浪《なみ》の打《う》ち寄《よ》せる国《くに》で、大和《やまと》から見《み》ると中心《ちゅうしん》ではないが傍《かたわ》らの国《くに》の美《うつく》しい、立派《りっぱ》な国《くに》である。この国《くに》に居《お》りたいと思《おも》う」となります。

ご鎮座《ちんざ》の年《とし》に関《かん》しましては、垂仁天皇《すいにんてんのう》二十五年説《にじゅうごねんせつ》と二十六年説《にじゅうろくねんせつ》があります。現在神宮《げんざいじんぐう》では、『日本書紀《にほんしょき》』の一書《いっしょ》の伝《でん》により、垂仁天皇二十六年九月十七日《すいにんてんのうにじゅうろくねんくがつじゅうななにち》を神宮鎮座《じんぐうちんざ》の日《ひ》としています。それは紀元前四年《きげんぜんよねん》にあたります。約二〇〇〇年前《やくにせんねんまえ》です。

その後《ご》、第十二代景行天皇《だいじゅうにだいけいこうてんのう》のとき、御剣《おんつるぎ》は倭姫命《やまとひめのみこと》から日本 武 尊《やまとたけるのみこと》に授《さず》けられて、尾張《おわり》の熱田神宮《あつたじんぐう》に祀《まつ》られ現在《げんざい》に至《いた》っております。

一方外宮《いっぽうげくう》は、第二十一代雄 略 天皇《だいにじゅういちだいゆうりゃくてんのう》の御代《みよ》に、天 照 大御神《あまてらすおおみかみ》より天皇《てんのう》が夢《ゆめ》の中《なか》で託宣《たくせん》を受《う》けて、丹波国《たんばのくに》（京都府《きょうとふ》の中部《ちゅうぶ》と兵庫県《ひょうごけん》の一部《いちぶ》）から度会郡《わたらいぐん》の山田原《やまだはら》に豊《とよ》受大御神《うけのおおみかみ》がお祀《まつ》りされ、外宮《げくう》の中《なか》に御饌殿《みけでん》をつくり、ここで天照大御神《あまてらすおおみかみ》の朝夕《あさゆう》の大御饌《おおみけ》（お食事《しょくじ》）をお供《そな》えすることとなりました。これを「日別朝夕大御饌祭《ひごとあさゆうおおみけさい》」といいます。外宮域内《げくういきない》の御饌殿《みけでん》に天照大御神《あまてらすおおみかみ》、豊受大御神《とようけのおおみかみ》、相殿神《あいどののかみ》の神座《しんざ》を設《もう》け御饌《みけ》を供《そな》える祭《まつ》りです。天照大御神《あまてらすおおみかみ》が伊勢《いせ》に祀《まつ》られてから約五〇〇年後《やくごひゃくねんご》の五世紀《ごせいき》半《なか》ば、雄略天皇二十二年《ゆうりゃくてんのうにじゅうにねん》のことと伝《つた》えられています（『大神宮諸雑事記《だいじんぐうしょざつじき》』）。

以上《いじょう》のような天照大御神《あまてらすおおみかみ》のご鎮座《ちんざ》の経緯《けいい》から、宮中《きゅうちゅう》の賢所《かしこどころ》は天皇《てんのう》のお側近《そばちか》くの伊勢神宮《いせじんぐう》であり、他方《たほう》、伊勢神宮《いせじんぐう》からみれば、賢所《かしこどころ》は伊勢《いせ》の御代宮《ごだいぐう》であるように、神宮《じんぐう》と賢所《かしこどころ》とは不可分《ふかぶん》の関係《かんけい》にあるのです。神宮《じんぐう》と賢所《かしこどころ》の御鏡《みかがみ》は、二鏡《にきょう》にして一体《いったい》の不可分《ふかぶん》なものとされているのであります。

ですから、畏《おそ》れ多《おお》いことではありますが、神宮祠官《じんぐうしかん》（神職《しんしょく》）の職掌《しょくしょう》の眼目《がんもく》は、天皇《てんのう》の御意《ぎょい》（大御心《おおみこころ》）を中臣《なかつおみ》として天照大御神《あまてらすおおみかみ》に取《と》り持《も》ちすることを任《にん》とするものなのであります。室町時代《むろまちじだい》の明応三年《めいおうさんねん》（一四九四）奥書《おくがき》の『皇太神宮年中行事《こうたいじんぐうねんちゅうぎょうじ》』には、それ皇太神宮《こうたいじんぐう》の禰宜《ねぎ》たる者《もの》は、天下《てんか》の御祈禱《ごきとう》を致《いた》す、国家第一《こっかだいいち》の重職《じゅうしょく》、朝家《ちょうか》清撰《せいせん》の器《き》なり。

という荒木田守晨《あらきだもりあさ》の言葉《ことば》が記載《きさい》されております。皇太神宮《こうたいじんぐう》の禰宜《ねぎ》（神職《しんしょく》）は、ひたすら「天下《てんか》の御祈祷《ごきとう》」を致《いた》すことを職《しょく》とする。これは国家最大《こっかさいだい》の重職《じゅうしょく》であるとし、天照大御神《あまてらすおおみかみ》に奉仕《ほうし》するものとしての強《つよ》い自覚《じかく》と誇《ほこ》りとが窺《うかが》い知《し》られるのであります。

このことは、明《あき》らかに奥書《おくがき》に見《み》える明応三年《めいおうさんねん》（一四九四）以前《いぜん》からの神宮祠官《じんぐうしかん》の伝統《でんとう》であり、また「天下《てんか》の御祈祷《ごきとう》」の言葉《ことば》は寶祚《ほうそ》の長久《ちょうきゅう》（天皇《てんのう》の個人《こじん》の「いのち」のことでなく、日本国家《にほんこっか》の本質《ほんしつ》が永遠《えいえん》に守《まも》られること）と国民《こくみん》の幸福《こうふく》を内容《ないよう》とするものであることは明瞭《めいりょう》であります。「寶祚《ほうそ》」とは、冒頭《ぼうとう》の天壌無窮《てんじょうむきゅう》の神勅《しんちょく》に明《あき》らかなように、天照大御神《あまてらすおおみかみ》の「いのち」と一《ひと》つになってわが国《くに》を治《おさ》めるという日本国《にほんこっ》家《か》の本質《ほんしつ》が永遠《えいえん》に守《まも》られることです。

何《なに》よりもこの天照大御神《あまてらすおおみかみ》へのご祈願《きがん》は、天皇《てんのう》のご祈願《きがん》そのものなのであります。天皇《てんのう》の天照大御神《あまてらすおおみかみ》にご祈願《きがん》されることは、すべて国家《こっか》の安穏《あんのん》と国民《こくみん》の平安《へいあん》であり、天皇陛下《てんのうへいか》が個人《こじん》として幸福《こうふく》を祈《いの》られることは無《な》いのです。この天皇《てんのう》のご祈願《きがん》の大御《おおみ》心《こころ》を、神宮祠官《じんぐうしかん》は中臣《なかつおみ》として奉仕《ほうし》することによって、自《みずか》らのうちに実感《じっかん》し、天皇《てんのう》の祈《いの》りと一《ひと》つになってご奉仕《ほうし》してきたのであります。

神嘗祭《かんなめさい》とは何《なに》か

神宮《じんぐう》で最《もっと》も重要《じゅうよう》な祭《まつ》りとされるのが、神嘗祭《かんなめさい》です。天孫《てんそん》・邇邇芸命《ににぎのみこと》が高天原《たかまのはら》から葦原《あしはら》の中国《なかつくに》（地上《ちじょう》）に天降《あまくだ》ってくるときに、天照大御神《あまてらすおおみかみ》は自《みずか》らが育《そだ》てられていた稲《いね》を託《たく》されたのであります。

『日本書紀《にほんしょき》』には、天児屋命《あめのこやねのみこと》、布刀玉命《ふとだまのみこと》に対《たい》して、吾《わ》が高天原《たかまのはら》に所御《きこしめ》す斎庭《ゆには》の穂《いなのほ》を以《もっ》て、亦吾《またわ》が児《みこ》に御《まか》せまつるべし（訳《やく》は、高天《たかまの》原《はら》にある神様《かみさま》に捧《ささ》げる神聖《しんせい》な稲穂《いなほ》をわが子《こ》に与《あた》えなさい）。

という斎庭稲穂《ゆにわのいなほ》の神勅《しんちょく》が伝《つた》えられております。天照大御神《あまてらすおおみかみ》は高天原《たかまのはら》で新嘗祭《にいなめさい》を執《と》り行《おこな》われているように、稲作《いなさく》というのは高天原《たかまのはら》で行《おこな》われていた神事《しんじ》なのです。日本《にほん》人《じん》の労働観《ろうどうかん》の本質《ほんしつ》もここにあります。

わが国《くに》において労働《ろうどう》は苦役《くえき》ではなく、神事《しんじ》であり喜《よろこ》びなのです。一番大変《いちばんたいへん》な労働《ろうどう》が喜《よろこ》びであるということは、日常生活万般《にちじょうせいかつばんぱん》が喜《よろこ》びであるということです。無論《むろん》、働《はたら》くこと、開拓《かいたく》することは大変《たいへん》なことであったと思《おも》います。ですから、私《わたし》たちの力《ちから》だけでなく、神様《かみさま》と一緒《いっしょ》に行《おこな》ったのです。地元《じもと》の神社《じんじゃ》に祀《まつ》られている神様《かみさま》を見《み》れば、その土地《とち》がどのような由来《ゆらい》を持《も》っているかが分《わ》かるのは、こういう理由《りゆう》からなのです。たとえば、武蔵国《むさしのくに》（関東地方《かんとうちほう》）には多数《たすう》、氷川神社《ひかわじんじゃ》（ご祭神《さいじん》は、須佐之男命《すさのおのみこと》、稲田姫命《いなだひめのみこと》、大己貴命《おおなむちのみこと》）が鎮座《ちんざ》していますが、これはこの地方《ちほう》の開拓《かいたく》には出雲族《いずもぞく》が深《ふか》くかかわっていることの証左《しょうさ》なのです。

このように稲《いね》は、天照大御神《あまてらすおおみかみ》より私《わたし》たちに与《あた》えられた「いのちのね」なのであります。ですから伊勢神宮《いせじんぐう》では、秋《あき》に収穫《しゅうかく》された初穂《はつほ》を天照大御神《あまてらすおおみかみ》に奉《たてまつ》り、収穫《しゅうかく》を感謝《かんしゃ》するとともに、国家《こっか》の隆昌《りゅうしょう》と国民《こくみん》の幸福《こうふく》をお祈《いの》り申《もう》し上《あ》げてきたのであります。神嘗祭《かんなめさい》は十一月《じゅういちがつ》二十三日《にじゅうさんにち》の新嘗祭《にいなめさい》に先《さき》だつ収穫祭《しゅうかくさい》で皇祖奉斎《こうそほうさい》の厳儀《げんぎ》であります。

神宮《じんぐう》の祭《まつ》りは一年《いちねん》を通《とお》して神嘗祭《かんなめさい》に集約《しゅうやく》するよう構成《こうせい》されています。まず、二月《にがつ》十七日《じゅうななにち》の祈年祭《きねんさい》。「としごいのまつり」とも言《い》います。年《ねん》は稲《いね》の稔《みの》りのことです。稲《いね》は一年《いちねん》かかって取《と》り入《い》れるから穀物《こくもつ》の象徴《しょうちょう》なのです。つまり、祈年祭《きねんさい》とは五穀豊穣《ごこくほうじょう》の祭《まつ》りです。

四月上旬《しがつじょうじゅん》に神宮神田《じんぐうしんでん》で御料米《ごりょうまい》（※御料《ごりょう》とは高貴《こうき》な人《ひと》が利用《りよう》するものを指《さ》す）の稲種《いなだね》を初《はじ》めて蒔《ま》き（※神田《しんでん》に種籾《たねもみ》を蒔《ま》く）、耕作《こうさく》の開始《かいし》をつげる神田下種祭《しんでんげしゅさい》が執《と》り行《おこな》われます。

続《つづ》いて五月中旬《ごがつちゅうじゅん》、古式《こしき》ゆかしく神田御田植初祭《しんでんおたうえはじめさい》（※苗代《なわしろ》などで育《そだ》てた稲《いね》を耕作《こうさく》田《でん》に移《うつ》し植《う》えること）が繰《く》りひろげられ、九月上旬《くがつじょうじゅん》、神嘗祭《かんなめさい》で奉《たてまつ》る御料米《ごりょうまい》の稲穂《いなほ》を抜《ぬ》く抜穂祭《ぬいぼさい》となります。抜穂《ぬいぼ》とは、かつて穂《ほ》を抜《ぬ》きとって収穫《しゅうかく》していた時代《じだい》からの名残《なごり》です。

刈《か》り取《と》られた稲束《いねたば》は内宮《ないくう》の御稲御倉《みしねのみくら》に、外宮《げくう》では忌火屋殿《いみびやでん》に納《おさ》められます。やがて十月《じゅうがつ》の神嘗祭《かんなめさい》で新穀《しんこく》（初穂《はつほ》）を天照大御神《あまてらすおおみかみ》に召《め》し上《あ》がっていただきます。「外宮先祭《げくうせんさい》」の古例《これい》（先例《せんれい》）に従《したが》い、外宮《げくう》は十月十五日《じゅうがつじゅうごにち》、十六日《じゅうろくにち》。内宮《ないくう》では十月《じゅうがつ》十六日《じゅうろくにち》、十七日《じゅうななにち》に神嘗祭《かんなめさい》が執《と》り行《おこな》われます。「神嘗正月《かんなめしょうがつ》」という言葉《ことば》があるように、神宮《じんぐう》では新《あたら》しい年《とし》を迎《むか》える気分《きぶん》で、祭具《さいぐ》（※祭《まつ》りに使《つか》う道具《どうぐ》）などはすべて新調《しんちょう》されます。

まず外宮《げくう》で十月十五日《じゅうがつじゅうごにち》午後十時《ごごじゅうじ》、由貴夕大御饌《ゆきのゆうべのおおみけ》が正殿階下《しょうでんかいか》に供《そな》えられ、大宮《だいぐう》司《じ》が祝詞《のりと》を奏上《そうじょう》いたします。由貴大御饌《ゆきのおおみけ》とは、清浄《せいじょう》な大御馳走《だいごちそう》という意味《いみ》で、海山《うみやま》の幸《さち》に、白酒《しろき》（※神田《しんでん》からとれた米《こめ》で醸造《じょうぞう》した原酒《げんしゅ》をそのまま濾《ろ》してつくる白色《しろいろ》の酒《さけ》）、黒酒《くろき》（※白酒《しろき》に焼灰《やきはい》を加《くわ》えた灰色《はいいろ》の酒《さけ》）や御飯《みいい》・御餅《おもち》など古代《こだい》の最大《さいだい》のご馳《ち》走《そう》がお供《そな》えされます。

引《ひ》き続《つづ》き神職《しんしょく》は、八度拝《はちどはい》という拝礼《はいれい》を行《おこな》います。八度拝《はちどはい》とは、起拝《きはい》を四度《よんど》行《おこな》い、座《ざ》したまま八拍手《はちはくしゅ》をし、最後《さいご》に軽《かる》く手《て》を一《ひと》つ拍《う》ち、次《つぎ》に座《ざ》したまま一拝《いっぱい》する作法《さほう》です。これを二度《にど》繰《く》り返《かえ》します。その後《ご》、神酒《みき》を三献《さんこん》（三回《さんかい》）進《すす》め、撤饌《てっせん》（お供《そな》え物《もの》を下《さ》げる）をして夕御饌《ゆうみけ》が終《お》わります。

続《つづ》いて翌日《よくじつ》、十六日午前二時《じゅうろくにちごぜんにじ》、由貴 朝 大御饌《ゆきのあしたのおおみけ》を奉《たてまつ》ります。儀式内容《ぎしきないよう》は、夕《ゆうべ》に同《おな》じです。夜《よ》が明《あ》けてその日正午《ひしょうご》、勅使《ちょくし》（天皇陛下《てんのうへいか》からのお使《つか》い）により幣帛《へいはく》（神《かみ》様《さま》にささげる供物《くもつ》）が奉《たてまつ》られます。

引《ひ》き続《つづ》き内宮《ないくう》に移《うつ》り、神嘗祭《かんなめさい》は続《つづ》けられます。十六日午後十時《じゅうろくにちごごじゅうじ》、夕《ゆうべ》の由貴大御饌《ゆきのおおみけ》が奉《たてまつ》られます。内宮《ないくう》では外宮《げくう》と異《こと》なり、御贄 調舎《みにえちょうしゃ》で鰒《あわび》の調理《ちょうり》が行《おこな》われて、正殿《しょうでん》階下《かいか》に神饌《しんせん》が供《そな》えられます。

翌日《よくじつ》の十七日午前二時《じゅうななにちごぜんにじ》に由貴 朝 大御饌《ゆきのあしたのおおみけ》を奉《たてまつ》り、同日正午《どうじつしょうご》、外宮《げくう》と同様《どうよう》に勅使《ちょくし》により幣帛《へいはく》が奉《たてまつ》られます。因《ちな》みに、宮中《きゅうちゅう》の新嘗祭《にいなめさい》では夕《よい》の儀《ぎ》は、午後六時《ごごろくじ》から八《はち》時《じ》。暁《あかつき》の儀《ぎ》は午後《ごご》十一時《じゅういちじ》から午前一時《ごぜんいちじ》です。

神嘗祭《かんなめさい》と新嘗祭《にいなめさい》はともに初穂《はつほ》を天照大御神《あまてらすおおみかみ》に奉《たてまつ》る祭《まつ》りですが、元来《がんらい》、神宮《じんぐう》では神嘗祭《かんなめさい》だけを行《おこな》っていて、新嘗祭《にいなめさい》は行《おこな》っていませんでした。

明治《めいじ》の神祇《じんぎ》制度《せいど》が整《ととの》うなかで、明治五年《めいじごねん》より勅使《ちょくし》を遣《つか》わされ新嘗祭《にいなめさい》の祭典《さいてん》を行《おこな》うことになったのであります。同様《どうよう》に、古来《こらい》宮中《きゅうちゅう》では神嘗祭《かんなめさい》は行《おこな》われず、新嘗祭《にいなめさい》だけが執《と》り行《おこな》われてきましたが、明治四年《めいじよねん》からは、宮中《きゅうちゅう》でも新嘗祭《にいなめさい》とともに神嘗祭《かんなめさい》（神嘗祭賢所《かんなめさいかしこどころ》の儀《ぎ》）が執《と》り行《おこな》われるようになったのであります。

しかしながら、冒頭《ぼうとう》ご紹介《しょうかい》申《もう》し上《あ》げましたように、伊勢神宮《いせじんぐう》にご鎮座《ちんざ》された天照大御神《あまてらすおおみかみ》は元々《もともと》、宮中《きゅうちゅう》に祀《まつ》られていました神様《かみさま》です。それが第十一代《だいじゅういちだい》垂仁天皇《すいにんてんのう》の時《とき》に伊勢《いせ》にご鎮座《ちんざ》された訳《わけ》ですから、ご鎮座《ちんざ》当初《とうしょ》は伊勢《いせ》でも新嘗祭《にいなめさい》が執《と》り行《おこな》われていたと推察《すいさつ》されます。その事実《じじつ》をこよなく伝《つた》えている古伝承《こでんしょう》が、鎌倉時代《かまくらじだい》初期《しょき》に成立《せいりつ》したとされている次《つぎ》の『宝基本記《ほうきほんぎ》』の垂仁天皇《すいにんてんのう》二十六年《にじゅうろくねん》の託宣《たくせん》であります。

天皇《てんのう》の即位《そくい》二十六年《にじゅうろくねん》の丁巳《ひのとみ》の冬十一月《ふゆじゅういちがつ》、新嘗会《にいなめえ》の祭《まつ》りの夜《よる》、神主部《かんぬしべ》・物忌《ものいみ》の八十氏等《やそうじら》に詔《のたま》はく、吾《われ》、今夜《こよい》、太神《おおかみ》の威命《いめい》を承《う》けて託宣《たくせん》する所《ところ》なり。神主部《かんぬしべ》・物忌等《ものいみら》よ、慎《つつし》みて懈《おこた》ること無《な》く、正《まさ》しく聞《き》け。人《ひと》は乃《すなわ》ち天下《あめのした》の神物《しんもつ》なり、須《すべか》らく静謐《せいひつ》を掌《つかさど》るべし。心《こころ》は乃《すなわ》ち神明《しんめい》の主《しゅ》たり、心神《しんしん》を傷《いた》ましむる莫《なか》れ。神《かみ》は垂《た》るるに、祈禱《きとう》を以《もっ》て先《さき》と為《な》し、冥《めい》は加《くは》ふるに、正直《せいちょく》を以《もっ》て本《もと》と為《な》す。（『神道大《しんとうたい》系《けい》』論説編五《ろんせつへんご》）

この『宝基本記《ほうきほんぎ》』冒頭《ぼうとう》にある新嘗祭夜《にいなめさいや》の天照大御神《あまてらすおおみかみ》の託宣《たくせん》は、まさに神宮《じんぐう》の神《かん》嘗祭《なめさい》は宮中《きゅうちゅう》の新嘗祭《にいなめさい》の延長線上《えんちょうせんじょう》にあることをより一層明確化《いっそうめいかくか》するものであります。なぜならこの記事《きじ》は、天照大御神《あまてらすおおみかみ》が伊勢《いせ》にご鎮座《ちんざ》された年《とし》（又《また》は翌年《よくねん》）のことであり、まだこの時点《じてん》では神宮祭祀《じんぐうさいし》の体系《たいけい》が整備《せいび》されるはずはなく、当時《とうじ》すでに神《かん》嘗祭《なめさい》が伊勢《いせ》の地《ち》において執行《しっこう》されていたとは考《かんが》えられないからであります。

ここに記載《きさい》されている新嘗祭《にいなめさい》は後世《こうせい》の神嘗祭《かんなめさい》にあたるものの、宮中祭祀《きゅうちゅうさいし》における新嘗祭《にいなめさい》をそのまま承《う》けていることが読《よ》み取《と》れるのであります。神宮《じんぐう》においては古《こ》来《らい》、新嘗祭《にいなめさい》の行《おこな》われなかったことは、『皇太神宮儀式帳《こうたいじんぐうぎしきちょう》』（八〇四年《ねん》）、延喜式《えんぎしき》（九二七年《ねん》。施行《せこう》は九六七年《ねん》）に記載《きさい》されていないことによっても明白《めいはく》であります。

つまり、この記事《きじ》は、神宮《じんぐう》の神嘗祭《かんなめさい》が宮中《きゅうちゅう》の新嘗祭《にいなめさい》の延長線上《えんちょうせんじょう》にあることを証《しょう》明《めい》するものなのです。何《なに》よりも神嘗祭《かんなめさい》は新嘗祭《にいなめさい》の影響《えいきょう》の下《もと》に成立《せいりつ》したことをよく伝《つた》えているのであります。

このご鎮座当初《ちんざとうしょ》、執《と》り行《おこな》われていた新嘗祭《にいなめさい》ですが、神宮《じんぐう》で最《もっと》も古《ふる》い『皇太神宮儀《こうたいじんぐうぎ》式帳《しきちょう》』では神嘗祭《かんなめさい》に変化《へんか》し、祭《まつ》りの時期《じき》も十一月《じゅういちがつ》から九月《くがつ》へと変《か》わっているのです。新嘗祭《にいなめさい》から神嘗祭《かんなめさい》へと、いつ変化《へんか》したかは特定《とくてい》できませんが、少《すく》なくとも平安時代《へいあんじだい》初期《しょき》には神嘗祭《かんなめさい》が執《と》り行《おこな》われているのであります。

『皇太神宮儀式帳《こうたいじんぐうぎしきちょう》』によれば、神嘗祭前夜《かんなめさいぜんや》の九月十五日《くがつじゅうごにち》に天照大御神《あまてらすおおみかみ》より託宣《たくせん》（天照大御神《あまてらすおおみかみ》の神教《みおし》え）を賜《たまわ》り、その神教《みおし》えを拠《よ》り所《どころ》として翌日《よくじつ》、禰宜《ねぎ》、内人《うちうど》、物《もの》忌《いみ》等《ら》の館《やかた》の解除《かいじょ》（祓《はら》え）を始《はじ》め、人別《ひとごと》に自分自身《じぶんじしん》の罪事《つみごと》を天照大御神《あまてらすおおみかみ》に告白《こくはく》し、深《ふか》く反省回心《はんせいかいしん》した後《あと》に解除《かいじょ》（祓《はら》え）が行《おこな》われているのであります。これが、次《つぎ》の『皇太神宮儀式帳《こうたいじんぐうぎしきちょう》』に見《み》える「古式《こしき》の川原祓《かわはらばらえ》」です。

同日《どうじつ》（九月十五日《くがつじゅうごにち》）をもって夜《よる》の亥《い》の時《とき》、御巫《みかんなぎの》内人《うちうど》を第二門《だいにもん》に侍《はべ》らしめて、御琴給《みことたま》ひて、十六日《じゅうろくにち》をもって、天照坐大神《あまてらすおおみかみ》の神教《みおし》えを請《こ》いて、すなわち教《おし》える所《ところ》の雑《もろもろ》の罪事《つみごと》を、禰宜《ねぎ》の館《やかた》より始《はじ》めて、内人《うちうど》、物忌《ものいみ》、四人《よったり》の館《やかた》ごとに解除清《かいじょきよ》めおわる。ただちに禰宜《ねぎ》、内人《うちうど》、物忌等《ものいみら》、皆悉《みなことごと》く宮《みや》より西方《せいほう》の川原《かわはら》に集《つど》え侍《はべ》りて、まず神宮《じんぐう》に向《む》いて、人《ひと》ごとの罪事《つみごと》を明《あき》らかに申《もう》しおわる。そのまま川《かわ》に向《む》いて、御巫《みかんなぎの》内人《うちうど》が解除《かいじょ》。告刀《のりと》を申《もう》しおわる。皆悉《みなことごと》く率《ひき》いて、正殿院《せいでんいん》に参《まい》り入《い》り、掃《は》き清《きよ》め奉《たてまつ》りおわる。（『神道大系《しんとうたいけい》』神宮編一《じんぐうへんいち》）

神嘗祭《かんなめさい》とは「古式《こしき》の川原祓《かわはらばらえ》」も含《ふく》めての祭儀《さいぎ》です。それは切《き》り離《はな》されていなく、一連《いちれん》の祭儀《さいぎ》なのです。つまり、神宮《じんぐう》における最大《さいだい》の重儀《じゅうぎ》であります神嘗祭《かんなめさい》に奉仕《ほうし》する神宮祠官《じんぐうしかん》の眼目《がんもく》は、祓《はら》えに祓《はら》えを重《かさ》ねながら天照大御神《あまてらすおおみかみ》の御心《みこころ》に限《かぎ》りなく近《ちか》づき、その清浄極致《せいじょうきょくち》の心《こころ》で奉仕《ほうし》することにあるのであります。

二度《にど》の由貴大御饌《ゆきおおみけ》供進《きょうしん》の儀《ぎ》を奉仕《ほうし》するということは、天照大御神《あまてらすおおみかみ》の御心《みこころ》に限《かぎ》りなく近《ちか》づき清浄極致《せいじょうきょくち》の心身《しんしん》の状態《じょうたい》で行《おこな》うことが最大《さいだい》の条件《じょうけん》であったのです。同時《どうじ》に、神嘗祭《かんなめさい》に象徴《しょうちょう》される神宮祭祀《じんぐうさいし》に奉仕《ほうし》する神宮祠官《じんぐうしかん》の祓《はら》えの眼目《がんもく》は、「天照大御《あまてらすおおみ》神《かみ》の神教《みおし》え」そのものに存《そん》したのであります。

その『皇太神宮儀式帳《こうたいじんぐうぎしきちょう》』の「天照大御神《あまてらすおおみかみ》の神教《みおし》え」の言葉化《ことばか》こそが、『宝基本《ほうきほん》記《ぎ》』に見《み》える先《さき》ほどご紹介《しょうかい》しました天照大御神《あまてらすおおみかみ》からの託宣《たくせん》なのです。このように、伊勢《いせ》においてはご鎮座当初《ちんざとうしょ》から天照大御神《あまてらすおおみかみ》に直接《ちょくせつ》ご奉仕《ほうし》する神宮祠官《じんぐうしかん》の間《あいだ》に、『宝《ほう》基本記《きほんぎ》』に記載《きさい》されている「私《わたし》たちの本性《ほんせい》は神性《しんせい》なものである」という内容《ないよう》に近似《きんじ》した天照大御神《あまてらすおおみかみ》の託宣《たくせん》に関《かん》する古伝承《こでんしょう》が存在《そんざい》していたのであります。

しかしそれは、言葉化《ことばか》することなく、口伝《くでん》で伝《つた》わってきたのであります。本当《ほんとう》に大事《だいじ》なことは、言語道断《ごんごどうだん》であり、不立文字《ふりゅうもんじ》なのです。まさに以心伝心《いしんでんしん》です。

神宮祭祀《じんぐうさいし》の集約《しゅうやく》は神嘗祭《かんなめさい》でありますから、『皇太神宮儀式帳《こうたいじんぐうぎしきちょう》』の神嘗祭《かんなめさい》のところに見《み》える「天照大御神《あまてらすおおみかみ》の神教《みおし》え」こそは、天照大御神《あまてらすおおみかみ》に奉仕《ほうし》する神宮祠官《じんぐうしかん》が当初《とうしょ》から一貫《いっかん》して伝承《でんしょう》してきた祓《はら》えの神髄《しんずい》であり、この一点《いってん》にこそ神宮祠官《じんぐうしかん》の深《ふか》い祈《いの》りが込《こ》められていると言《い》っても過言《かごん》ではないのであります。つまり、神宮祠官《じんぐうしかん》にとって「天照大御神《あまてらすおおみかみ》の神教《みおし》え」は、万古不易《ばんこふえき》の命題《めいだい》であり、祈《いの》りの結晶《けっしょう》ともいえるものであります。

具体的《ぐたいてき》には、『宝基本記《ほうきほんぎ》』の託宣《たくせん》が語《かた》っているように「私《わたし》たちの本性《ほんせい》は神性《しんせい》なものである」という信念《しんねん》であります。この信仰《しんこう》こそが、『皇太神宮儀式帳《こうたいじんぐうぎしきちょう》』の「古式《こしき》の川原祓《かわはらばらえ》」の大本《おおもと》にある天照大御神《あまてらすおおみかみ》の神教《みおし》えであり、神宮《じんぐう》で最大《さいだい》の重儀《じゅうぎ》であります神嘗祭《かんなめさい》、さらには大神嘗祭《だいかんなめさい》であります式年遷宮《しきねんせんぐう》に奉仕《ほうし》する神宮祠官《じんぐうしかん》の清《きよ》らかさに対《たい》する覚悟《かくご》と言《い》ってもよいのであります。

この「古式《こしき》の川原祓《かわはらばらえ》」は、キリスト教《きょう》のように人間《にんげん》は本来罪《ほんらいつみ》の子《こ》である故《ゆえ》に、神《かみ》の前《まえ》に懺悔《ざんげ》するというものとも、また仏教《ぶっきょう》における業《ごう》の思想《しそう》のように、眼前《がんぜん》の四苦《しく》八苦《はっく》の世界《せかい》を説明《せつめい》するために、善業《ぜんごう》よりも悪業《あくごう》を強調《きょうちょう》し、人間《にんげん》は本来罪深《ほんらいつみぶか》き存在《そんざい》であるが故《ゆえ》に、御仏《みほとけ》の前《まえ》に懺悔《ざんげ》するというものとも根本的《こんぽんてき》に異《こと》なるのであります。

すなわち、私《わたし》たちは本来《ほんらい》、神様《かみさま》と同一《どういつ》の清明《せいめい》の心《こころ》を有《ゆう》している貴《とうと》い存在《そんざい》でありながら、自分自身《じぶんじしん》の我欲我見《がよくがけん》の異心《ことごころ》によって、その本性《ほんせい》を晦《くら》ましている故《ゆえ》に、その離《はな》れた心《こころ》を反省《はんせい》・回心《かいしん》し、祓《はら》って自《みずか》らの本体《ほんたい》に戻《もど》ろうとする所《ところ》から発《はっ》しているのであります。

したがって伊勢《いせ》における祓《はら》えは、平安時代末《へいあんじだいまつ》に「中臣祓《なかとみのはらえ》」（大祓詞《おおはらえのことば》）を受容《じゅよう》する以前《いぜん》から、自分自身《じぶんじしん》の罪穢《つみけが》れを祓《はら》い去《さ》り、清浄《せいじょう》の本姿《ほんし》に復帰《ふっき》せんとするために熱《ねっ》唱《しょう》するものであったことが、より一層明瞭《いっそうめいりょう》に看取《かんしゅ》されるのであります。

何《なに》よりも天照大御神《あまてらすおおみかみ》の祭祀《さいし》に奉仕《ほうし》する神宮祠官《じんぐうしかん》の眼目《がんもく》は、自《みずか》らの罪穢《つみけが》れを祓《はら》い去《さ》って、天照大御神《あまてらすおおみかみ》の御心《みこころ》に限《かぎ》りなく近《ちか》づき、その清浄極致《せいじょうきょくち》の心身状態《しんしんじょうたい》で、天《あま》照大御神《てらすおおみかみ》に二度《にど》の由貴大御饌《ゆきのおおみけ》供進《きょうしん》の儀《ぎ》を厳《おごそ》かに奉仕《ほうし》することなのであります。

つまり、神宮祠官《じんぐうしかん》にとっては、清《きよ》らかであることが天照大御神《あまてらすおおみかみ》の祭祀《さいし》に奉仕《ほうし》するための最大《さいだい》の要件《ようけん》だったのであります。

ところで、鎌倉時代初期《かまくらじだいしょき》にこの「天照大御神《あまてらすおおみかみ》の神教《みおし》え」の言葉化《ことばか》がなされた時代背景《じだいはいけい》にあるのは、仏教《ぶっきょう》の末法思想《まっぽうしそう》なのであります。末法《まっぽう》とは、仏教《ぶっきょう》の歴史観《れきしかん》であり、正法《しょうぼう》、像法《ぞうぼう》、末法《まっぽう》という三《みっ》つの時代区分《じだいくぶん》の一《ひと》つです。

すなわち、正法《しょうぼう》の時代《じだい》とは、お釈迦様《しゃかさま》の正《ただ》しい教《おし》えと修行《しゅぎょう》によって現実《げんじつ》に悟《さと》りを開《ひら》く者《もの》がいる時代《じだい》。像法《ぞうぼう》の時代《じだい》とは、お釈迦様《しゃかさま》の教《おし》えとそれに基《もと》づく修行《しゅぎょう》はありますが、悟《さと》りを開《ひら》くことが不可能《ふかのう》な時代《じだい》。そして末法《まっぽう》の時代《じだい》とは、お釈迦様《しゃかさま》の教《おし》えだけは残《のこ》っていますが、修行《しゅぎょう》も行《おこな》われず、絶望《ぜつぼう》の救《すく》われない時代《じだい》であります。

正法《しょうぼう》、像法《ぞうぼう》、末法《まっぽう》の期間《きかん》につきましては、古来《こらい》いろいろな説《せつ》がありますが、わが国《くに》では正法一千年《しょうぼういっせんねん》、像法一千年《ぞうぼういっせんねん》、末法一万年《まっぽういちまんねん》の説《せつ》が採用《さいよう》され、永承七年《えいしょうななねん》（一〇五二）に末法時代《まっぽうじだい》に入《はい》ったと信《しん》じられました。

折《おり》からの天変地異《てんぺんちい》、疫病《えきびょう》の流行《りゅうこう》などにより、末法時代《まっぽうじだい》に絶望《ぜつぼう》し、自殺往生《じさつおうじょう》の思想《しそう》も広《ひろ》まったのであります。鴨長明《かものちょうめい》の『方丈記《ほうじょうき》』（一二一二）によれば、京都《きょうと》の賀茂川《かもがわ》の河原《かわら》は多《おお》くの死体《したい》であふれたと伝《つた》えられております。

また天皇陛下《てんのうへいか》は百代《ひゃくだい》で終《お》わるとする百王思想《ひゃくおうしそう》も広《ひろ》まったのであります。いわゆる終末思想《しゅうまつしそう》です。当時《とうじ》（平安時代中期《へいあんじだいちゅうき》）は、八十代前後《はちじゅうだいぜんご》にありました。このような悲観的《ひかんてき》な時代《じだい》にあって浄土教《じょうどきょう》は、人間《にんげん》というのは過去《かこ》の宿業《しゅくごう》（過去《かこ》に悪《わる》い行為《こうい》を行《おこな》ったので、今《いま》、悪《わる》い状態《じょうたい》に生《う》まれ変《か》わっていると考《かんが》える思想《しそう》）ゆえに、救《すく》われがたい存在《そんざい》であるとし、現世《げんせ》を否定《ひてい》し来世《らいせい》に救《すく》いを求《もと》めたのであります。

この業《ごう》の思想《しそう》こそ、仏教《ぶっきょう》における人間理解《にんげんりかい》の根底《こんてい》にあるものです。お釈迦様《しゃかさま》は、人間《にんげん》の尊《とうと》さは生《う》まれによるのではなく、自《みずか》らの行為《こうい》（業《ごう》）によると説《と》きました。そして、眼前《がんぜん》の四苦八苦《しくはっく》の世界《せかい》を説明《せつめい》するために、善業《ぜんごう》よりも悪業《あくごう》を強調《きょうちょう》し、人間《にんげん》は本来罪深《ほんらいつみぶか》きものと見《み》ているのです。この苦難《くなん》に満《み》ちた世界《せかい》の生死《せいし》を断《た》って、迷《まよ》いと苦《くる》しみとを捨《す》てることが解脱《げだつ》であり、それが仏教《ぶっきょう》における救《すく》いなのであります。

ですから浄土教《じょうどきょう》では、南無阿弥陀仏《なむあみだぶつ》、南無阿弥陀仏《なむあみだぶつ》と阿弥陀仏《あみだぶつ》にひたすらすがったのであります。これに対《たい》して真言宗《しんごんしゅう》、天台宗《てんだいしゅう》の密教《みっきょう》では、神道思想《しんとうしそう》の根幹《こんかん》にある祓《はら》えの思想《しそう》までも取《と》り入《い》れて、その教《おし》えの末法適応性《まっぽうてきおうせい》を主張《しゅちょう》しました。

まさにこの時《とき》、神道《しんとう》では二十年《にじゅうねん》に一度《いちど》の式年遷宮《しきねんせんぐう》（大神嘗祭《だいかんなめさい》）を担《にな》う神宮祠官《じんぐうしかん》が、ご遷宮《せんぐう》の祭儀《さいぎ》そのものが末法思想《まっぽうしそう》とは対極《たいきょく》にある思想《しそう》であることを認識《にんしき》し、古代《こだい》から口伝《くでん》によって伝承《でんしょう》されてきた神嘗祭《かんなめさい》の前夜《ぜんや》に天照大御神《あまてらすおおみかみ》から賜《たま》わった託宣《たくせん》の言《こと》葉化《ばか》を初《はじ》めて行《おこな》ったのであります。それが先《さき》ほど紹介《しょうかい》しました『宝基本記《ほうきほんぎ》』に記載《きさい》されています天照大御神《あまてらすおおみかみ》からの託宣《たくせん》なのであります。

すなわち、その意味《いみ》は、私《わたし》たちは神様《かみさま》より大切《たいせつ》な「いのち」を授《さず》かった神性《しんせい》な存《そん》在《ざい》であるから、心《こころ》は穏《おだ》やかに慎《つつし》み深《ぶか》く生活《せいかつ》しなければならない。自《みずか》らの心《こころ》に神《かみ》は存《そん》すのであるから、絶対《ぜったい》に我欲我見《がよくがけん》によって心《こころ》の神《かみ》を傷《きず》つけてはならない。神様《かみさま》の御《おん》めぐみを頂《いただ》くには、何《なに》よりもまず心《こころ》からの祈《いの》りが大切《たいせつ》であり、また、神様《かみさま》のご加護《かご》を受《う》けるには、正直《しょうじき》の心《こころ》を守《まも》ることが根本《こんぽん》であるというものであります。

「心神《しんしん》」とは、大宇宙《だいうちゅう》の主宰神《しゅさいしん》であります天之御中主神《あめのみなかぬしのかみ》であり、そのご神徳《しんとく》が現《げん》象界《しょうかい》に現《あら》われた天照大御神《あまてらすおおみかみ》であります。両神《りょうしん》は一体《いったい》であると伊勢《いせ》では信仰《しんこう》していたのであります。そして、その天之御中主神《あめのみなかぬしのかみ》、天照大御神《あまてらすおおみかみ》を私《わたし》たちは心《こころ》の中《なか》に宿《やど》しているのです。私《わたし》たちの「いのち」には、神代以来《かみよいらい》の先祖《せんぞ》の「いのち」が生《い》きており、私《わたし》たちはとても貴《とうと》い存在《そんざい》であるのです。ですから、この一貫《いっかん》の「いのち」を悪口《わるくち》、嫉妬《しっと》、傲慢《ごうまん》などの異心《ことごころ》から守《まも》るのです。

この先祖《せんぞ》の心《こころ》と一《ひと》つで生《い》きている限《かぎ》り、天地《てんち》の初《はじ》めは今日《きょう》なのです。北畠親房《きたばたけちかふさ》公《こう》は、「代《よ》くだれりとて自《みずか》ら苟《いやし》むべからず。天地《てんち》の始《はじめ》は今日《きょう》を始《はじめ》とする理《ことわり》なり」と述《の》べています。決《けっ》して私《わたし》たちは単独《たんどく》で存在《そんざい》しているのではないのであります。最新《さいしん》の科学《かがく》では、「いのち」のもとになる材料《ざいりょう》を集《あつ》めることはできますが、その「いのち」そのものを創《つく》ることはできないと言《い》われています。当然《とうぜん》です。初《はじ》めからある「いのち」だからです。

しかし、私《わたし》たちはすでにその貴《とうと》い「いのち」をいただいて生《い》きているのです。いま、こうして生《い》きているということは、只事《ただごと》ではないのであります。この『宝基本記《ほうきほんぎ》』の託宣《たくせん》の神教《みおし》えが「神《かん》ながらの道《みち》」であり、「神《かん》ながらの心《こころ》」であります。何《なに》よりも神嘗祭《かんなめさい》、ご遷宮《せんぐう》（大神嘗祭《だいかんなめさい》）にご奉仕《ほうし》する神宮祠官《じんぐうしかん》の覚悟《かくご》なのであります。

この心神思想《しんしんしそう》は、中世《ちゅうせい》の伊勢神道《いせしんとう》の大成者《たいせいしゃ》であります度会家行《わたらいいえゆき》、北畠親房公《きたばたけちかふさこう》、さらに江戸時代《えどじだい》の度会延佳《わたらいのぶよし》、山崎闇斎《やまざきあんさい》など多《おお》くの神道家《しんとうか》に多大《ただい》なる影響《えいきょう》を与《あた》えたものであり、その影響《えいきょう》は現代《げんだい》まで続《つづ》いております。とりわけ北畠親房公《きたばたけちかふさこう》は、末法思想《まっぽうしそう》、百王思想《ひゃくおうしそう》の蔓延《まんえん》とともに動乱《どうらん》にあけくれている南北朝時代《なんぼくちょうじだい》の末世的《まっせてき》なわが国《くに》の現状《げんじょう》を伊勢神道《いせしんとう》に依拠《いきょ》しながら超克《ちょうこく》しようとしたのであります。

そして、その拠《よ》り所《どころ》としたものは、先《さき》の『宝基本記《ほうきほんぎ》』の託宣《たくせん》に明示《めいじ》されているように、私《わたし》たちの本性《ほんせい》は神性《しんせい》なものであり、その心《こころ》には天照大御神《あまてらすおおみかみ》の御心《みこころ》と同一《どういつ》の神霊《しんれい》が宿《やど》っていて、私《わたし》たちは天照大御神《あまてらすおおみかみ》の「いのち」に連《つら》なっているという信仰《しんこう》であります。

つまり、わが国《くに》の本姿《ほんし》であります神国《しんこく》は、私《わたし》たち一人《ひとり》ひとりの心《こころ》の中《なか》にすでに神《かみ》様《さま》より与《あた》えられているのであります。それ故《ゆえ》に、その本来《ほんらい》の神性《しんせい》な心《こころ》を取《と》り戻《もど》すならば、末法《まっぽう》・末世《まっせ》という状況下《じょうきょうか》にあるわが国《くに》の現状《げんじょう》を克服《こくふく》することができる。それが神勅《しんちょく》に示《しめ》された天壌《てんじょう》無窮《むきゅう》の理想《りそう》の姿《すがた》である、と親房公《ちかふさこう》は信《しん》じていたのでありま す。国家安寧《こっかあんねい》の道《みち》は、私《わたし》たち一人《ひとり》ひとりの本姿《ほんし》への回復《かいふく》にあるのです。

この親房公《ちかふさこう》の信念《しんねん》は、観念的《かんねんてき》なものではありません。現下《げんか》の秩序《ちつじょ》を失《うしな》ったわが国《くに》の問題《もんだい》を解決《かいけつ》するために、伊勢神道《いせしんとう》の「いのち」にすがり、畏《おそ》れ多《おお》いことではありますが、天皇《てんのう》をはじめとしてすべての人々《ひとびと》に、「左《ひだり》を左《ひだり》とし右《みぎ》を右《みぎ》とし、元《はじめ》を元《はじめ》とし本《もと》を本《もと》とし」とその本来《ほんらい》のあるべき姿《すがた》に回帰《かいき》せよと叫《さけ》んだのであります。

万世一系《ばんせいいっけい》とか天壌《てんじょう》無窮《むきゅう》ということは、古今東西《ここんとうざい》を通《つう》ずる祈《いの》りであります。しかし、それがほとんど事実《じじつ》とはなりえなかったというのが、歴史《れきし》の実相《じっそう》であります。それが、わが国《くに》において事実《じじつ》たりえたのは、君臣《くんしん》（天皇陛下《てんのうへいか》と国民《こくみん》）が力《ちから》を合《あ》わせて万《ばん》世一系《せいいっけい》・天壌《てんじょう》無窮《むきゅう》の実現《じつげん》のために努力《どりょく》を重《かさ》ねてきた結果《けっか》であります。神代《かみよ》以来《いらい》の一貫《いっかん》の「いのち」を守《まも》ってきたのです。さらに重要《じゅうよう》なことは、伊勢流中臣祓《いせりゅうなかとみのはらえ》（大《おお》祓詞《はらえのことば》）の「給《たまえ》」から「申《もうす》」への転換《てんかん》であります。

伊《い》勢《せ》流《りゅう》中臣祓《なかとみのはらえ》の神髄《しんずい》

伊《い》勢《せ》流《りゅう》中臣祓《なかとみのはらえ》（※大祓詞《おおはらえのことば》のことです。六月《ろくがつ》と十二月《じゅうにがつ》の晦日《みそか》の大祓式《おおはらえしき》に中臣《なかとみ》氏《し》が宣読《せんどく》したことにより、中臣祭文《なかとみのさいもん》とも、中臣祓詞《なかとみのはらえことば》とも、略《りゃく》して中臣祓《なかとみのはらえ》とも呼《よ》ばれました）の最大《さいだい》の特徴《とくちょう》は、「祓申清申《はらへもうすきよめもうす》」という自力的祓《じりきてきはらえ》の形式《けいしき》であります。同時《どうじ》にそれは、自《みずか》らの祓《はら》えの努力《どりょく》によって罪穢《つみけが》れを去《さ》り清浄《せいじょう》の本姿《ほんし》に復《ふく》し、それを天照大御神《あまてらすおおみかみ》に御照覧仰《ごしょうらんあお》ぐ自覚《じかく》であります。

そこで、神宮《じんぐう》における中臣祓《なかとみのはらえ》の受容《じゅよう》について、桓武天皇《かんむてんのう》の延暦二十三年《えんりゃくにじゅうさんねん》（八〇四）に神宮《じんぐう》から撰上《せんじょう》された『皇太神宮儀式帳《こうたいじんぐうぎしきちょう》』から、約四〇〇年後《やくよんひゃくねんご》の建久三年《けんきゅうさんねん》（一一九二）に撰録《せんろく》され『皇太神宮年中行事《こうたいじんぐうねんちゅうぎょうじ》』への神嘗祭前夜《かんなめさいぜんや》の祓行事《はらえぎょうじ》の展開《てんかい》を見《み》てみたいと思《おも》います。

先《さき》に紹介《しょうかい》しました『皇太神宮儀式帳《こうたいじんぐうぎしきちょう》』に見《み》える神嘗祭前夜《かんなめさいぜんや》の「古式《こしき》の川原祓《かわらばらえ》」で

ありますが、これは中臣祓《なかとみのはらえ》を受容《じゅよう》する前《まえ》の伊勢《いせ》における祓《はら》えです。伊勢《いせ》においては、『皇太神宮儀式帳《こうたいじんぐうぎしきちょう》』の時代《じだい》（平安初期《へいあんしょき》）から自《みずか》らの罪穢《つみけが》れを天照大御神《あまてらすおおみかみ》に告白《こくはく》し、本来《ほんらい》の清浄《せいじょう》の姿《すがた》に戻《もど》ろうとする自力的祓《じりきてきはら》えに主眼《しゅがん》が置《お》かれていたのであります。ここではまだ、中臣祓《なかとみのはらえ》（大祓詞《おおはらえのことば》）は奏上《そうじょう》されておりません。

『皇太神宮儀式帳《こうたいじんぐうぎしきちょう》』から約四〇〇年後《やくよんひゃくねんご》の『皇太神宮年中行事《こうたいじんぐうねんちゅうぎょうじ》』の神嘗祭前夜《かんなめさいぜんや》の箇所《かしょ》の詳細《しょうさい》な紹介《しょうかい》は省略《しょうりゃく》いたしますが、同所《どうしょ》には、「神主等《かんぬしら》も中臣祓《なかとみのはらえ》の祭文《さいもん》を読《よ》む」（『神道大系《しんとうたいけい》』所収《しょしゅう》）とあり、当時《とうじ》、伊勢神宮《いせじんぐう》において中臣祓《なかとみのはらえ》が受容《じゅよう》されていたことは明瞭《めいりょう》であります。なお、神宮祠官《じんぐうしかん》が中臣祓《なかとみのはらえ》を祈禱《きとう》に用《もち》いた文献上《ぶんけんじょう》の初見《しょけん》は、『吾妻鏡《あづまかがみ》』の治承四年《じしょうよねん》（一一八〇）の一千度御祓《いっせんどおんはらえ》です。それから十二年後《じゅうにねんご》に中臣祓《なかとみのはらえ》が祓《はら》えの祭《まつ》りとして執行《しっこう》されているのです。

この『皇太神宮年中行事《こうたいじんぐうねんちゅうぎょうじ》』（鎌倉時代初期《かまくらじだいしょき》）における中臣祓《なかとみのはらえ》の内容《ないよう》につきましては、祓詞《はらえことば》が記載《きさい》されていないため不明《ふめい》であります。しかし、ほぼ同時代《どうじだい》の建保三年《けんぽさんねん》（一二一五）に書写《しょしゃ》されている伊勢流《いせりゅう》「中臣祓本《なかとみのはらえぼん》」では、「祓給清申《はらへたまひきよめもうす》」（『大《おお》祓詞註釈大成《はらえのことばちゅうしゃくたいせい》』上《じょう》）とあり、「給《たまひ》」と「申《もうす》」の両方《りょうほう》が用《もち》いられ中間的立場《ちゅうかんてきたちば》にあります。この建保三年《けんぽさんねん》（一二一五）の中臣祓本《なかとみのはらえぼん》と建久三年《けんきゅうさんねん》（一一九二）の中臣《なかとみの》祓《はらえ》は、同種《どうしゅ》の形式《けいしき》のものと言《い》われています。

中間的立場《ちゅうかんてきたちば》ではありますが、「祓給清給《はらへたまひきよめたまふ》」から「祓給清申《はらへたまひきよめもうす》」に変化《へんか》していることは注目《ちゅうもく》されるのであります。なぜなら、「給《たまひ》」と「申《もうす》」の併用《へいよう》ですが、明《あき》らかに他力的祓《たりきてきはらえ》から自力的祓《じりきてきはらえ》へと意識《いしき》の変化《へんか》の兆候《ちょうこう》が読《よ》み取《と》れるからです。

なお、伊勢神宮《いせじんぐう》における伊勢流中臣祓《いせりゅうなかとみのはらえ》の正文《せいぶん》は、「祓申清申《はらへもうすきよめもうす》」ですが、これは元亨元年《げんこうがんねん》（一三二一）に成立《せいりつ》しました常良卿《つねよしきょう》自筆本《じひつぼん》が最古《さいこ》の正文《せいぶん》であります。

伊勢流中臣祓《いせりゅうなかとみのはらえ》も「大祓詞《おおはらえのことば》」と同《おな》じように、当初《とうしょ》（初期《しょき》の形式《けいしき》）は「祓給清《はらへたまひきよめ》給《たまふ》」でした。それが鎌倉時代《かまくらじだい》の初期頃《しょきころ》に、先《さき》ほど述《の》べましたように、当時《とうじ》の時代背《じだいはい》景《けい》であります末法思想《まっぽうしそう》に対峙《たいじ》して、神宮祠官《じんぐうしかん》が神宮《じんぐう》に伝《つた》わる古伝承《こでんしょう》を研究《けんきゅう》する中《なか》で、私《わたし》たちの本性《ほんせい》を回復《かいふく》するならば末法思想《まっぽうしそう》を乗《の》り越《こ》えることができるという神道家《しんとうか》による神々信仰《かみがみしんこう》の初《はじ》めての言葉化《ことばか》を図《はか》りました。これが、いわゆる伊勢神道《いせしんとう》です。私《わたし》たちの心《こころ》の中《なか》に先祖《せんぞ》の神様《かみさま》が宿《やど》っているという信仰《しんこう》です。ですから祭《まつ》りとは、先祖《せんぞ》の神様《かみさま》の「いのち」と一《ひと》つになる儀式《ぎしき》なのです。

その最初《さいしょ》の書物《しょもつ》が『造伊勢二所太神宮宝基本記《みやつこいせにしょだいじんぐうほうきほんぎ》』で、奥書《おくがき》の建保二年《けんぽにねん》（一二一四）頃《ころ》に成立《せいりつ》したと言《い》われています。そして、神宮祠官《じんぐうしかん》の心《こころ》のうちに清《きよ》らかな本性《ほんせい》に対《たい》する強《つよ》い自覚《じかく》が生《う》まれ、伊勢流中臣祓《いせりゅうなかとみのはらえ》の「清給《きよめたまふ》」から「清申《きよめもうす》」へと字句《じく》を転換《てんかん》させたのであります。それが、既述《きじゅつ》の建保三年《けんぽさんねん》（一二一五）書写《しょしゃ》の中臣祓本《なかとみのはらえぼん》であります。

伊勢神道思想《いせしんとうしそう》の眼目《がんもく》は、心神思想《しんしんしそう》です。それは私《わたし》たちの本性《ほんせい》は神性《しんせい》なものであり、私《わたし》たちは元来《がんらい》、神々《かみがみ》と寸分《すんぶん》も違《たが》わない貴《とうと》い存在《そんざい》というものです。これが神嘗祭《かんなめさい》の眼目《がんもく》なのであります。

しかしながら、私《わたし》たちは知《し》らず識《し》らずのうちにその本性《ほんせい》を我欲我執《がよくがしゅう》の異心《ことごころ》が覆《おお》ってしまいます。それ故《ゆえ》に、その異心《ことごころ》を祓《はら》って清浄《せいじょう》の本姿《ほんし》に復《ふく》するのです。その努《ど》力《りょく》が伊勢神宮《いせじんぐう》における祓《はら》えの本来《ほんらい》の趣旨《しゅし》であります。つまり、心神思想《しんしんしそう》と祓信仰《はらえしんこう》は、まさに表裏一体《ひょうりいったい》の関係《かんけい》にあるのです。

神宮祠官《じんぐうしかん》は末法思想《まっぽうしそう》の蔓延《まんえん》という時代背景《じだいはいけい》のもと、それを克服《こくふく》するために二十《にじゅう》年《ねん》に一度《いちど》の式年遷宮《しきねんせんぐう》（大神嘗祭《だいかんなめさい》）に関《かん》する古伝承《こでんしょう》を研究《けんきゅう》したのであります。

これは平安時代末《へいあんじだいまつ》からの一般国民《いっぱんこくみん》の参宮増加《さんぐうぞうか》とともに、仏家側《ぶっけがわ》の末法思想《まっぽうしそう》を克服《こくふく》しようとする意識《いしき》に刺激《しげき》される形《かたち》で、神宮祠官《じんぐうしかん》に神宮《じんぐう》そのものを研究《けんきゅう》しようという気運《きうん》が盛《も》り上《あ》がったためでもあります。そして、特《とく》に天照大御神《あまてらすおおみかみ》の託宣《たくせん》の有《ゆう》する意義《いぎ》の重大性《じゅうだいせい》を発見《はっけん》し、その意義《いぎ》については、伊勢神道書《いせしんとうしょ》（神道五部書《しんとうごぶしょ》）の最初《さいしょ》の書物《しょもつ》と考《かんが》えられている『造伊勢二所太神宮宝基本記《みやつこいせにしょだいじんぐうほうきほんぎ》』（建保二年《けんぽにねん》・一二一四年《ねん》の奥書《おくがき》）に心神思想《しんしんしそう》として記載《きさい》し、伊勢流《いせりゅう》「中臣祓本《なかとみのはらえぼん》」（建保三年《けんぽさんねん》・一二一五年《ねん》の書写《しょしゃ》）については、既述《きじゅつ》のように、「清給《きよめたまふ》」から「清申《きよめもうす》」へと字句《じく》を転換《てんかん》させて、神様《かみさま》のご照覧《しょうらん》を仰《あお》ぎながら、自《みずか》らの責任《せきにん》において清《きよ》めるという強《つよ》い自覚《じかく》を持《も》ったのであります。

このように自分自身《じぶんじしん》の清《きよ》らかな本性《ほんせい》に対《たい》する限《かぎ》りない感動《かんどう》が、伊勢神宮《いせじんぐう》の祓信仰《はらえしんこう》の根本《こんぽん》にあるのです。自分自身《じぶんじしん》の「いのち」に対《たい》する感動《かんどう》です。この世《よ》に「いのち」を受《う》けた感動《かんどう》なのです。

ですから、「いのち」の元《もと》である両親《りょうしん》は絶対《ぜったい》です。親孝行《おやこうこう》に条件《じょうけん》を付《つ》けてはだめです。親孝行《おやこうこう》は無条件《むじょうけん》です。一番身近《いちばんみぢか》な親《おや》を粗末《そまつ》にする人《ひと》が世《よ》のため、人《ひと》のために尽《つ》くすことはできないと思《おも》います。いつの時代《じだい》でも孝《こう》は百行《ひゃっこう》の本《もと》です。

何《なに》よりも重要《じゅうよう》なことは、心神思想《しんしんしそう》と伊勢流中臣祓《いせりゅうなかとみのはらえ》の「申《もうす》」への字句《じく》の転換《てんかん》は、先述《せんじゅつ》の『皇太神宮儀式帳《こうたいじんぐうぎしきちょう》』に載《の》っております神宮《じんぐう》で一番大切《いちばんたいせつ》なお祭《まつ》りであります神《かん》嘗祭前夜《なめさいぜんや》の「天照大御神《あまてらすおおみかみ》の神教《みおし》え」を依拠《いきょ》としながら執《と》り行《おこな》われました「古式《こしき》の川原祓《かわはらばらえ》」にその源流《げんりゅう》があることです。

本来《ほんらい》、神嘗祭《かんなめさい》とは「古式《こしき》の川原祓《かわはらばらえ》」を含《ふく》めての祭儀《さいぎ》なのです。その「天照大御《あまてらすおおみ》神《かみ》の神教《みおし》え」とは、後世《こうせい》のものですが、具体的《ぐたいてき》には先《さき》に紹介《しょうかい》いたしました『宝基本《ほうきほん》記《ぎ》』の垂仁天皇《すいにんてんのう》二《に》十六年《じゅうろくねん》の天照大御神《あまてらすおおみかみ》からの託宣《たくせん》であります。

人《ひと》は乃《すなわ》ち天下《あめのした》の神物《しんもつ》なり、須《すべか》らく静謐《せいひつ》を掌《つかさど》るべし。心《こころ》は乃《すなわ》ち神明《しんめい》の主《しゅ》たり、心《しん》神《しん》を傷《いた》ましむる莫《なか》れ。神《かみ》は垂《た》るるに、祈禱《きとう》を以《もっ》て先《さき》と為《な》し、冥《めい》は加《くわ》ふるに、正《せい》直《ちょく》を以《もっ》て本《もと》と為《な》す。（『神道大系《しんとうたいけい》』論説編五《ろんせつへんご》）

神宮祠官《じんぐうしかん》はこの託宣《たくせん》を拠《よ》りどころとしながら、自分自身《じぶんじしん》の罪穢《つみけが》れを天照大御神《あまてらすおおみかみ》に告白《こくはく》し、本来《ほんらい》の清浄《せいじょう》の姿《すがた》に戻《もど》ろうと一心不乱《いっしんふらん》に「古式《こしき》の川原祓《かわはらばらえ》」を執《と》り行《おこな》っているのです。

さらに注目《ちゅうもく》すべきことは、この古伝承《こでんしょう》は天照大御神《あまてらすおおみかみ》に直接奉仕《ちょくせつほうし》する内宮祠官《ないくうしかん》（荒木田氏《あらきだし》）独自《どくじ》の伝承《でんしょう》であることです。外宮《げくう》の『止由気宮儀式帳《とゆけぐうぎしきちょう》』には記載《きさい》されていないのです。内宮《ないくう》だけに伝《つた》わっている伝承《でんしょう》なのです。神宮祭祀《じんぐうさいし》と宮中祭祀《きゅうちゅうさいし》は、その祭祀構造《さいしこうぞう》が一《ひと》つで神宮祭祀《じんぐうさいし》は宮中祭祀《きゅうちゅうさいし》の延長線上《えんちょうせんじょう》にあると言《い》われていますが、この「私《わたし》たちの本性《ほんせい》は神性《しんせい》なもの」という信仰《しんこう》は、古《ふる》い宮中祭祀《きゅうちゅうさいし》の伝承《でんしょう》を継《けい》承《しょう》しているとても貴《とうと》い信仰《しんこう》なのであります。具体的《ぐたいてき》には、宮中《きゅうちゅう》の新嘗祭前夜《にいなめさいぜんや》の鎮魂《ちんこん》祭《さい》です。ですから、鎮魂祭《ちんこんさい》に関《かん》しましては、離遊魂《りゆうこん》を招《まね》いて身体《からだ》に鎮《しず》めるなど諸説《しょせつ》ありますが、渡辺勝義博士《わたなべかつよしはかせ》の霊的秩序《れいてきちつじょ》を乱《みだ》す荒《あら》ぶる御魂《みたま》を祓《はら》い浄《きよ》めて、本姿《ほんし》を回復《かいふく》するという説《せつ》が穏当《おんとう》であると私《わたし》は考《かんが》えております。

したがって、神宮《じんぐう》における神嘗祭《かんなめさい》に奉仕《ほうし》する神宮祠官《じんぐうしかん》の眼目《がんもく》は、宮中《きゅうちゅう》における新《にい》嘗祭《なめさい》と同様《どうよう》に、「私《わたし》たちの本性《ほんせい》は神性《しんせい》なものである」という信仰《しんこう》であります。そして、この一点《いってん》にこそ宮中祭祀《きゅうちゅうさいし》、神宮祭祀《じんぐうさいし》に奉仕《ほうし》するものの天照大御神《あまてらすおおみかみ》への篤《あつ》い祈《いの》りが込《こ》められているとともに、これは取《と》りも直《なお》さずわが国《くに》の神社祭祀《じんじゃさいし》の根本《こんぽん》に位置《いち》する信仰《しんこう》なのであります。私《わたし》たちは、一人《ひとり》ひとり神々《かみがみ》と同体《どうたい》のとてもすばらしい存在《そんざい》なのです。ただものではないのであります。これが本来《ほんらい》の日本人《にほんじん》の信仰《しんこう》です。

むすび

神嘗祭《かんなめさい》を考《かんが》えることは、新嘗祭《にいなめさい》と同様《どうよう》に、私《わたし》たち一人《ひとり》ひとりが、自分自身《じぶんじしん》の「いのち」であり、神霊《しんれい》を考《かんが》えることに外《ほか》ならないのであります。それは、私《わたし》たちの心《こころ》の中《なか》に神様《かみさま》が宿《やど》っているからです。それ故《ゆえ》に、私《わたし》たちの心《こころ》のうちにある「神様《かみさま》」（心神《しんしん》）を大切《たいせつ》に守《まも》り、悪口《わるくち》、嫉妬《しっと》、傲慢《ごうまん》などの異心《ことごころ》によってくらまさないよう、常《つね》に努力《どりょく》しなければならないと考《かんが》えることが、古《ふる》くからの日本人《にほんじん》の素直《すなお》な心《こころ》であったのであります。

いま生《い》きている私《わたし》たちの心《こころ》のうちに、常《つね》に神代《かみよ》の「いのち」、わが国一貫《くにいっかん》の「いのち」が生《い》き続《つづ》けているのであります。その一貫《いっかん》の「いのち」を君臣《くんしん》ともに守《まも》り続《つづ》けてきたのが神嘗祭《かんなめさい》の眼目《がんもく》であります。祭《まつ》りを通《とお》して、先祖《せんぞ》の神々《かみがみ》の「いのち」と一《ひと》つになることが何《なに》よりも大事《だいじ》なのです。

ですから、神嘗祭《かんなめさい》の心《こころ》とは、伊勢神宮《いせじんぐう》の神職《しんしょく》だけが学《まな》ぶべきものではなく、すべての日本人《にほんじん》が自覚《じかく》しなければならない大切《たいせつ》な自分自身《じぶんじしん》の「いのち」のことなのです。

神拝詞

大祓詞《おほはらへのことば》

高天原《たかまのはら》に神留《かむづま》り坐《ま》す　皇親《すめらがむつ》神漏岐《かむろぎ》　神漏美《かむろみ》の命《みこと》以《も》ちて　八《や》百《ほ》萬神等《よろづのかみたち》を神集《かむつど》へに集《つど》へ賜《たま》ひ　神議《かむはか》りに議《はか》り賜《たま》ひて　我《あ》が皇御孫命《すめみまのみこと》は　豊葦原水穂國《とよあしはらのみづほのくに》を安國《やすくに》と平《たひら》けく知《し》ろし食《め》せと　事依《ことよ》さし奉《まつ》りき　此《か》く依《よ》さし奉《まつ》りし國中《くぬち》に　荒振《あらぶ》る神等《かみたち》をば　神問《かむと》はしに問《と》はし賜《たま》ひ　神掃《かむはら》ひに掃《はら》ひ賜《たま》ひて　語問《ことと》ひし磐根《いはね》　樹根立《きねたち》　草《くさ》の片葉《かきは》をも語止《ことや》めて　天《あめ》の磐座《いはくら》放《はな》ち　天《あめ》の八重雲《やへぐも》を伊頭《いつ》の千別《ちわ》きに千別《ちわ》きて　天《あま》降《くだ》し依《よ》さし奉《まつ》りき　此《か》く依《よ》さし奉《まつ》りし四方《よも》の國中《くになか》と　大倭日高見國《おほやまとひだかみのくに》を安國《やすくに》と定《さだ》め奉《まつ》りて　下《した》つ磐《いは》

根《ね》に宮柱《みやばしら》 太敷《ふとし》き立《た》て　高天原《たかまのはら》に千木《ちぎ》高知《たかし》りて　皇《すめ》御孫命《みまのみこと》の瑞《みづ》の御殿《みあらか》仕《つか》へ奉《まつ》りて　天《あめ》の御蔭《みかげ》　日《ひ》の御《み》蔭《かげ》と隠《かく》り坐《ま》して　安國《やすくに》と平《たひら》けく知《し》ろし食《め》さむ國中《くぬち》に　成《な》り出《い》でむ天《あめ》の益人等《ますひとら》が　過《あやま》ち犯《をか》しけむ種種《くさぐさ》の罪事《つみごと》は　天《あま》つ罪《つみ》　國《くに》つ罪《つみ》　許許太久《ここだく》の罪《つみ》出《い》でむ
此《か》く出《い》でば　天《あま》つ宮事《みやごと》以《も》ちて　天《あま》つ金木《かなぎ》を本打《もとう》ち切《き》り　末打《すゑう》ち断《た》ちて　千座《ちくら》の置座《おきくら》に置《お》き足《た》らはして　天《あま》つ菅麻《すがそ》を本刈《もとか》り断《た》ち　末刈《すゑか》り切《き》りて　八針《やはり》に取《と》り辟《さ》きて　天《あま》つ祝詞《のりと》の太祝詞事《ふとのりとごと》を宣《の》れ
此《か》く宣《の》らば　天《あま》つ神《かみ》は天《あめ》の磐門《いはと》を押《お》し披《ひら》きて　天《あめ》の八重雲《やへぐも》を伊頭《いつ》の千別《ちわ》きに千別《ちわ》きて　聞《き》こし食《め》さむ
國《くに》つ神《かみ》は高山《たかやま》の末《すゑ》　短山《ひきやま》の末《すゑ》に上《のぼ》り坐《ま》して　高山《たかやま》

の伊褒理《いほり》　短山《ひきやま》の伊褒理《いほり》を掻《か》き別《わ》けて聞《き》こし食《め》さむ　此《か》く聞《き》こし食《め》してば　罪《つみ》と云《い》ふ罪《つみ》は在《あ》らじと　科戸《しなど》の風《かぜ》の天《あめ》の八重雲《やへぐも》を吹《ふ》き放《はな》つ事《こと》の如《ごと》く　朝《あした》の御霧《みぎり》　夕《ゆふべ》の御霧《みぎり》を　朝風《あさかぜ》　夕風《ゆふかぜ》の吹《ふ》き払《はら》ふ事《こと》の如《ごと》く　大津邊《おほつべ》に居《を》る大船《おほふね》を　舳《へ》解《と》き放《はな》ち　艫《とも》解《と》き放《はな》ちて　大海原《おほうなばら》に押《お》し放《はな》つ事《こと》の如《ごと》く　彼方《をちかた》の繁木《しげき》が本《もと》を　焼鎌《やきがま》の敏鎌《とがま》以《も》ちて　打《う》ち掃《はら》ふ事《こと》の如《ごと》く　遺《のこ》る罪《つみ》は在《あ》らじと　祓《はら》へ給《たま》ひ清《きよ》め給《たま》ふ事《こと》を　高山《たかやま》の末《すゑ》　短山《ひきやま》の末《すゑ》より　佐久那太理《さくなだり》に落《お》ち多岐《たぎ》つ速川《はやかは》の瀬《せ》に坐《ま》す瀬織津比賣《せおりつひめ》と云《い》ふ神《かみ》　大海原《おほうなばら》に持《も》ち出《い》でなむ　此《か》く持《も》ち出《い》で往《い》なば　荒潮《あらしほ》の潮《しほ》の八《や》百道《ほぢ》の八潮道《やしほぢ》の潮《しほ》の八百會《やほあひ》に坐《ま》す速開都比賣《はやあきつひめ》と云《い》

ふ神《かみ》　持《も》ち加加呑《かかの》みてむ　此《か》く加加呑《かかの》みてば　氣《い》
吹戸《ぶきど》に坐《ま》す氣吹戸主《いぶきどぬし》と云《い》ふ神《かみ》　根國《ねのくに》　底國《そこのくに》に氣吹《いぶ》
き放《はな》ちてむ　此《か》く氣吹《いぶ》き放《はな》ちてば　根國《ねのくに》　底國《そこのくに》に
坐《ま》す速佐須良比賣《はやさすらひめ》と云《い》ふ神《かみ》　持《も》ち佐須良《さすら》ひ失《うしな》ひてむ
此《か》く佐須良《さすら》ひ失《うしな》ひてば　罪《つみ》と云《い》ふ罪《つみ》は在《あ》らじと
祓《はら》へ給《たま》ひ清《きよ》め給《たま》ふ事《こと》を　天《あま》つ神《かみ》　國《くに》つ神《かみ》　八百《やほ》
萬　神等共《よろづのかみたちとも》に　聞《き》こし食《め》せと白《まを》す

《参考文献》

『皇室大百科』（朝日通信社、昭和五十年刊）。
『増補史料大成』第一巻歴代宸記（臨川書店、昭和六十年刊）。
『増補史料大成』第二巻花園天皇宸記（臨川書店、昭和六十年刊）。
『皇位継承「儀式」宝典』（新人物往来社、平成二年刊）。
『昭和天皇の御製』（国柱会本部編、平成元年刊）。
平井呈一氏訳『東の国から・心』（恒文社、昭和六十一年刊）。
岩佐正氏校注『神皇正統記』（岩波書店、平成四年刊）。
渡辺勝義氏著『鎮魂祭の研究』（名著出版、平成六年刊）。
入江相政氏編『宮中歳時記』（ティビーエス・ブリタニカ、昭和五十四年刊）。
茂木貞純氏著『知識ゼロからの伊勢神宮入門』（幻冬舎、平成二十四年刊）。
所功氏著『伊勢神宮』（講談社、平成五年刊）。
中西正幸氏著『伊勢の遷宮』（国書刊行会、平成三年刊）。
大島敏史氏・中村幸弘氏編『現代人のための祝詞』（右文書院、平成二十一年刊）。
岡田米夫氏著『大祓詞の解釈と信仰』（神社新報社、昭和六十三年刊）。
岡田米夫氏著『神道文献概説』（神社本庁、昭和六十二年刊）。
倉野憲司氏校注『古事記』（岩波書店、平成三年刊）。
次田真幸氏『古事記』（講談社、平成十三年刊）。

倉野慶司氏・武田祐吉氏校注『古事記 祝詞』（岩波書店、昭和六十一年刊）。
『日本書紀』上（岩波書店、昭和六十一年刊）。
『神道大系』神宮編一（神道大系編纂会、昭和五十四年刊）。
『神道大系』論説編五伊勢神道㊤（同編纂会、平成五年刊）。
『神道大系』論説編七伊勢神道㊦（同編纂会、昭和五十七年刊）。
『神道大系』論説編十二垂加神道㊤（同編纂会、昭和五十九年刊）。
『神道大系』論説編十三垂加神道㊦（同編纂会、昭和五十三年刊）。
『神道大系』古典註釈編八 中臣祓註釈（同編纂会、昭和六十年刊）。
金本正孝氏編『強齋先生語録』（渓水社、平成十三年刊）。
近藤啓吾先生著『續山崎闇齋の研究』（臨川書店、平成三年刊）。
近藤啓吾先生著『續々山崎闇齋の研究』（臨川書店、平成七年刊）。
近藤啓吾先生著『崎門三先生の學問』（皇學館大學出版部、平成十八年刊）。
近藤啓吾先生「祖先崇拝の信仰」（『神道学』百四十九号所収、平成三年刊）。
安蘇谷正彦氏著『神道とはなにか』（ぺりかん社、平成六年刊）。
西宮一民氏校注『古語拾遺』（岩波書店、平成三年刊）。
筧克彦氏著『神ながらの道』（内務省神社局、大正十五年刊）。
國學院大學日本文化研究所編『神道事典』（弘文堂、平成六年刊）。
小野善一郎『古事記の「こころ」』（ぺりかん社、平成二十年刊）。
小野善一郎『日本を元気にする古事記の「こころ」』（青林堂、平成二十二年刊）。

小野善一郎『伊勢神道思想の形成』（私家蔵版、平成二十三年刊）。
小野善一郎『あなたを幸せにする大祓詞』（青林堂、平成二十五年刊）。
小野善一郎『新嘗のこころ』（青林堂、平成二十八年刊）。
小野善一郎『大嘗祭のこころ』（公益財団法人日本文化興隆財団、令和元年刊）。

小野 善一郎（おの ぜんいちろう）
《略歴》
福島県に生まれる。國學院大學大学院文学研究科神道学専攻博士課程後期修了。湯島天満宮権禰宜。國學院大學・東洋大学兼任講師。博士（神道学）。神社本庁の関係団体である公益財団法人日本文化興隆財団ほか、多くの講座やセミナーなどで古事記、神道関連講座の講師を務める。
著書『伊勢神道思想の形成』、『古事記の「こころ」』、『日本を元気にする古事記のこころ』、『あなたを幸せにする大祓詞』、『祝詞練習帳』、『新嘗のこころ』、『大祓詞練習帳』、『大嘗祭のこころ』など。

大嘗祭のこころ
—新嘗のこころ改訂版

令和元年 10月 10日　初版発行

著　者——小野善一郎 ©Zenichiro Ono　2019
発行人——蟹江幹彦
発行所——株式会社 青林堂
〒150-0002
東京都渋谷区渋谷3-7-6
TEL：03-5468-7769
装　幀——有限会社アニー
印刷所——中央精版印刷株式会社

ISBN 978-4-7926-0659-6 C0021

Printed in Japan

青林堂刊行書籍案内

神ドクター Doctor of God
松久正
定価1700円(税抜)

みんな誰もが神様だった
並木良和
定価1400円(税抜)

愛を味方にする生き方
──人生があがっていく宇宙マッサージ
白井剛
定価1200円(税抜)

地球の新しい愛し方
白井剛
定価1700円(税抜)